PRAXISHILFEN FÜR DEN KINDERGARTEN

Renate Lüber
unter Mitarbeit
von Hildegard Enderle
und Hedwig Friedmann-Spath

Stichwort »Planung«

10

Miteinander – Füreinander

Information 2 – Gespräche 2 – Einladung/Ausgang 3 – Bilderbücher 4 – Vorlesebücher 5 – Bücher für Erzieher 5 – Geschichten 6 – Reime 10 – Lieder 11 – Kreisspiel 14 – Manuelles Gestalten 15 – Rhythmik 16 – Religiöse Erziehung 17

Berufe

Information 18 – Gespräche 19 – Einladung/Ausgang 20 – Rollenspiel 21 – Collage 21 – Zunftschilder 21 – Bilderbücher/Sachbücher 22 – Vorlesebücher 23 – Geschichten 23 – Reime 25 – Zungenbrecher 26 – Rätsel 26 – Fingerspiele 26 – Lieder 27 – Singspiele 29 – Kreisspiele 31 – Spiel 32 – Manuelles Gestalten 33 – Religiöse Erziehung 33

Winter – die Welt ruht sich aus

Information 35 – Gespräche 36 – Ausgang 37 – Bilderbücher 37 – Vorlesebücher 37 – Sachbücher 37 – Bücher für Erzieher 38 – Geschichten 38 – Reime 40 – Rätsel 41 – Fingerspiel 41 – Lieder 42 – Singspiel 45 – Klanggeschichte 46 – Manuelles Gestalten 47 – Spielturnen 47 – Religiöse Erziehung 47

Als Beitrag zum Umweltschutz verzichten wir bei diesem Heft auf das Einschweißen und drucken den Textteil auf umweltfreundlichem, chlorfrei gebleichtem Papier.
Damit die Poster aus den Heften bis zum Gebrauch nicht herausfallen, werden sie in der Heftmitte geklammert. Bitte lösen Sie die mittlere Klammer vorsichtig und nehmen Sie die Poster heraus.

Herder Freiburg · Basel · Wien

Miteinander – Füreinander

Information

• Familie

Das Leben in einer Familie wird immer vom Miteinander und Füreinander bestimmt.
Nur so können die Aufgaben und Alltagsprobleme bewältigt, die Kinder versorgt und der Lebensunterhalt verdient werden. Hierbei kommt es auch vor, daß ein Familienmitglied zugunsten der Familie auf etwas verzichten muß, oder auch umgekehrt, daß die Familie zugunsten eines Familienmitglieds verzichtet.

• Freundschaft

Auch Freundschaft wird vom Mit- und Füreinander getragen.
Unter Freundschaft versteht man eine Form der sozialen Beziehung zwischen zwei oder mehreren Menschen. Sie wird bestimmt durch persönlichkeitsbezogene Vertrautheit, Hilfs- und Opferbereitschaft und freiwillige Verantwortung für den anderen. Feundschaft besteht um ihrer selbst willen und ist somit nicht zweckgebunden.
Durch diese Eigenschaften unterscheidet sie sich von der zweckbedingten Verbindung, die auf Nutzen und Vorteilen aufbaut.
Freundschaft schützt vor Einsamkeit. Man ist nicht allein, kann zusammen etwas unternehmen, die Freizeit miteinander gestalten.
Freunde teilen Freude und Leid miteinander.
Freundschaften beschränken sich nicht auf Gleichaltrige, sie sind auch generationsübergreifend.

• Ob mit der Familie oder mit Freunden, es bereitet immer mehr Freude, etwas Schönes miteinander zu machen, zu erleben, als es allein zu tun. Gleichgültig, ob man hier an ein Essen, einen Spaziergang, einen Ausflug, eine Reise usw. denkt.

Obengenanntes gilt auch im übertragenen Sinn für die Kindergartengruppe.

Gespräche

Wir reden darüber, was wir unter „Miteinander“ und unter „Füreinander“ verstehen; d. h., vor allem die Kinder erzählen lassen.

In unserer Kindergartengruppe tun wir vieles miteinander und auch füreinander:

• In der großen Gruppe spielen, singen, turnen, feiern und essen wir gemeinsam; wir schaffen zusammen Ordnung in unserem Gruppenraum, unternehmen zusammen Spaziergänge und Ausflüge ...

• In kleineren Gruppen spielen, bauen, basteln, malen, werken und essen wir zusammen; wir schauen miteinander Bücher an; decken gemeinsam den Tisch; waschen das Geschirr ab; gießen die Blumen; räumen miteinander auf...

• Wir haben Freunde, Kinder in unserer Gruppe, die wir besonders gern mögen und die auch uns besonders gern haben. Freunde halten zusammen, sie verstehen sich, sie teilen, einer ist für den anderen da. Auch ein Streit kann Freunde nicht gleich trennen.

• Wir reden auch darüber, wie wir Streitsituationen in unserer Gruppe lösen können.

Kinder sind verschieden:

- Einer hat viele Freunde, der andere weniger. Der eine liebt Trubel und spielt gern mit vielen Kindern auf einmal, der andere lieber nur mit einem Kind zusammen oder zwischendurch auch ganz allein.
- Freunde nehmen sich gegenseitig so an, wie sie sind.
- Auch Kinder, mit denen man nicht befreundet ist, kann man in ihrer Eigenart annehmen.

Wir können uns gegenseitig helfen:

- So können beispielsweise die älteren Kinder den jüngeren beim Anziehen helfen, ihnen die Schuhe binden und den Reißverschluß schließen; den Weg zur Toilette zeigen; ihnen angeben, wo was im Gruppenraum zu finden ist, z.B. wo das Bastelmaterial aufbewahrt wird, wo welche Spiele zu finden sind ...

Wir können füreinander dasein, andere in unser Tun miteinbeziehen:

- Wir können Kinder mitspielen lassen, die ein Spiel nicht so gut können wie wir; gegenseitiges Verständnis dafür aufbringen, daß jüngere Kinder noch nicht alles und größere schon mehr können.
- Wir überlegen uns, wie wir uns untereinander verhalten und miteinander umgehen, in der Spielgruppe, im Gruppenraum und im Hof.

Wir können andere Kinder, die nicht so sind wie wir, annehmen, mit ihnen leben:

- Kinder, die vielleicht eine andere Sprache sprechen, eine andere Hautfarbe haben, aus einem anderen Land sind, integrieren.
- Kinder, die in irgendeiner Weise behindert sind, nicht sehen, nicht sprechen, nicht hören, nicht laufen können oder durch Krankheit in ihrer gesamten Entwicklung zurückgeblieben sind, die nicht so schnell lernen und verstehen können wie wir, akzeptieren und integrieren.

Alle Kinder, ob groß oder klein, dick oder dünn, krank oder gesund, alle wollen und brauchen Freunde; keiner ist gerne allein.

Einladung/Ausgang

Wir laden Kinder aus anderen Einrichtungen zu uns ein und besuchen diese ebenfalls.

Anmerkungen
Eigene Ideen
Notizen

In jeder Gruppe gibt es intro- und extrovertierte Kinder. Hier sollte die Erzieherin auf das Gruppengeschehen achten und wenn nötig auch gezielt Hilfestellung geben.

Bilderbücher

„Anton Säbelzahn“
von Renate Schaefer. atlantis kinderbücher, verlag pro juventute, Zürich 1992.

„Kein Tag für Juli“
von Jutta Bauer / Kirsten Boie. Beltz Verlag, Weinheim und Basel 3. Aufl. 1992.

„Laura Robin und die Räuber“
von Barbara Moßmann / Werner Färber. Verlag Herder, Freiburg, Basel, Wien 1989.

„Pele kommt“
von Bob Graham. Otto Maier Verlag, Ravensburg 1989.

„Papa du sollst kommen“
von Rudolf Herfurtner / Reinhard Michel. Verlag Friedrich Oetinger, Hamburg 1992.

„Komm doch am Samstag“
von Gabriele Auensen-Borgelt / Maria Wissmann, Wolfgang Mann Verlag, Berlin 1991.

„Ferien auf dem Lande“
von Göran & Monica Schultz / Gunder Andersson. Boje Verlag, Erlangen 1990.

„Kommt her, feiert mit“
von Joanne Flindall. Carlsen Verlag, Reinbek 1990.

„Hexenzauber“
von Barbara Moßmann / Werner Färber. Verlag Herder, Freiburg, Basel, Wien 1991.

„Ich bin kein Hund“
von Marie-José Sacré / Shoji Yuki. Dr. Hans Peters Verlag, Hanau 1988.

„Armer Petterson“
von Sven Nordqvist. Verlag Friedrich Oetinger, Hamburg 1988.

„Donnerwetter, Jonathan!“
von Nick Butterworth. Coppenrath Verlag, Münster 1992.

„Immer Ärger mit Mama“
von Babette Cole. Verlag Herder, Freiburg, Basel, Wien 1983.

„Der kleine Blumenkönig“
von Kveta Pacovská. Verlag Neugebauer Press, Salzburg 1991.

„Der rote Ball“
von Erich Jooß / Erich Hölle. Neuer Finken-Verlag, Oberursel 1990.

„Die Grüne und die braune Schnecke“
Ein Märchen über Vorurteile
von Monika Penders / Mavis Smith. Jugenddienst-Verlag, Wuppertal 1985.

„Grossmutter“
Wie eine Großmutter ihr Enkelkind auf ihren Tod vorbereitet von Franz Hübner / Kirsten Höcker. Neugebauer Press, Salzburg 1992.

„Opa gehört zu uns“
von Ursula Kirchberg / Anne Blunk. Ellermann Verlag, München 1992.

„Der Neue“
von Jo Seibt. Herold Verlag, Fellbach 1991.

„Die wilden 11“
von Stephan Brülhart. Parabel Verlag, Köln 1992.

„Tätzchen“
von Holly Keller. ars edition, München 1991.

„Gackitas Ei“
von Antonella Bollinger-Savelli / Elisabeth Stiemert. Parabel Verlag, Schwäbisch Hall 1979.

„Viel Lärm um Musik“
von Max Velthuijs. atlantis kinderbücher, verlag pro juventute, Zürich 1990.

„Was ist los Frosch?“
Von Max Velthuijs. Verlag Sauerländer, Aarau und Frankfurt a. M. 1989.

„Wo steckt Waldemar?“
von Ivan Gantschev. Verlag Neugebauer Press, Salzburg 1989.

„Und wer bist du?“
von Shomei Yoh. Friedrich Wittig Verlag, Hamburg 1992.

„Mäxchen der Hamster“
von Sylvia Loretan / Olga Siemaszko. bohem press, Zürich 1991.

„Du schaffst das schon, Josephine“
von Hans Wilhelm. Carlsen Verlag, Reinbek 4. Aufl. 1992.

„Laß uns wieder Freunde sein“
von Hans Wilhelm / Ursula Heckel. Carlsen Verlag, Reinbek 1986.

„Wenn ich dich nicht hätte“
von Hans Wilhelm. Carlsen Verlag, Reinbek 1991.

„Rosalind das Katzenkind“
von Piotr Wilkoń / Józef Wilkoń. bohem press, Zürich 1989.

„Rocco, der Waschbär“
von Mauro Monaldini / Karin Weber. Favorit-Verlag, Rastatt.

„Hoppel findet einen Freund“
von Marcus Pfister. Nord-Süd Verlag, Gossau Zürich und Hamburg 1992.

„Der Regenbogenfisch“
von Marcus Pfister. Nord-Süd Verlag, Gossau Zürich und Hamburg 1992.

„Der kleine Biber findet Freunde“
von Amy MacDonald / Sarah Fox-Davies. Verlag Sauerländer, Aarau und Frankfurt 3. Aufl. 1992.

„Der Kater und die Füchsin“
von Erich Jooß / Katerina Lovis. Neuer Finken-Verlag, Oberursel 1988.

„Meine neuen Freunde“
von pestalozzi-team / Linda Worrall. Pestalozzi Verlag, Erlangen 2. Aufl. 1991.

„Flecki schläft bei seinem Freund“
von Eric Hill. Esslinger im ÖBV, Esslingen und Wien 1990.

„Der fuchsrote und der mausgraue Hund“
von Elisa Stern. Verlag Friedrich Oetinger, Hamburg 1991.

„He Duda“
von Jon Blake / Axel Scheffler. Beltz Verlag, Weinheim und Basel 1992.

„Freunde“
von Helme Heine. Middelhauve Verlag, Köln 1982.

„Swimmy“
von Leo Lionni. Middelhauve Verlag, Köln 1964.

„Wir können noch viel zusammen machen“
von Karl F. Waechter. Middelhauve Verlag, Köln 1973.

„Emy in der Fremde“
von Christine Wendt / Josef Guggenmos. Patmos, Düsseldorf 1992.

„Pit und Pat“
von Marcus Pfister. Nord-Süd Verlag, Gossau Zürich und Hamburg 3. Aufl. 1992.

„Das Eichhorn und das Nashörnchen“
von Mischa Damjan / Hans de Beer. Nord-Süd Verlag, Gossau Zürich und Hamburg 1991.

„Max Maus und seine Brüder“
von Martin Waddell / Barbara Fürth. Annette Betz Verlag, Wien.

„Mausemärchen / Riesengeschichte“
von Annegret Fuchshuber. Thienemanns Verlag, Stuttgart 1994.

„Karni und Nickel oder der große Krach“
von Claude Boujon / Tilde Michels. Ellermann Verlag, München 1991.

„Der Kleine, der Riese und der Großriese“
von Klaus Kordon / Marie-José Sacré. bohem press, Zürich 1991.

„Jan, Jakob und Jonathan“
von Ake Eriksson. Coppenrath Verlag, Münster 1991.

„Sepp und Seppi“
von Christine & Christina Nöstlinger. Verlag Beltz & Gelberg, Weinheim und Basel 1989.

Aus der Reihe: **„Der Guckkasten“** im Saatkorn Verlag, Hamburg:
„Das Baby“
von Bert Blokhuis / Lydia van Andel / Ineke Sijl, 3. Aufl. 1992.
„Bei Oma und Opa“
von Hans Werther / Lydia van Andel / Ineke Sijl, 1991.

Weitere Bilderbücher siehe Heft 9, Seite 4 und 5.

- **Bücher vom „Anders-Sein“**
Problemkreis Behinderung

„Archibald“
von Eva Tharlet. Verlag Neugebauer Press, Salzburg 1992.

„Karl Heinz vom Bilderstöckchen“
von Lukas Ruegenberg / Willi Fährmann. Middelhauve Verlag, Köln 1990.
Vom Heranwachsen eines Kindes mit Down-Syndrom.

„Meine Füße sind der Rollstuhl“
von Annegret Ritter / Franz-Josef Huaingg. Ellermann Verlag, München 1992.
Ein Mädchen, das im Rollstuhl sitzt, will so akzeptiert werden wie andere.

„Meine Schwester ist behindert“
von Ilse Achilles / Karin Schliehe, 2. Aufl. 1992.
Bilderbuch über den Alltag von Geschwistern behinderter Kinder und seine Probleme.
erhältlich bei:
Bundesvereinigung Lebenshilfe für geistig Behinderte e.V.
Raiffeisenstraße 18
35043 Marburg
Einzelexemplar DM 5,- inkl. Versandkosten

Aus der Reihe: **„Das behinderte Kind“** von Paul White im Finken Impulse Verlag, Oberursel:
„Andrea kann nicht laufen“ (1978)
„Susanne kann nicht sehen“
„Heike und Jutta können nicht hören“
„Thorsten lernt jetzt laufen“

„Anne kann nicht hören“
von Bernard Wolf. Kinderbuchverlag Luzern

Aus der Reihe **„Der Guckkasten“** im Saatkorn-Verlag, Hamburg:
„Blind sein“ 4. Aufl. 1992.
„Nicht hören können“
von Rein van Koppenhagen / Lydia van Andel / Ineke van Sijl, 1992.
„Im Rollstuhl“
von Hans Werther / Lydia van Andel / Ineke van Sijl, 1990.

„Stefan“
von Renate Welsh / Ulrich Schweke. Verlag Jungbrunnen, Wien.
Über das Leben eines behinderten Jungen in seiner Familie.

„Helen lernt leben“
von Anne Marchon / Colette Camil. Verlag Ernst Kaufmann, Lahr 1982.
Die Kindheit der taub-blinden Helen Keller

„Vogel Tintenfuß“
von Oliver Poncer. Gerstenberg Verlag, Hildesheim 1989.
Ein Bilderbuch für Sehende und Blinde, dessen Inhalt nicht nur in normaler Satzschrift, sondern zusammengefaßt auch in Blindenschrift erzählt wird. Ebenso nicht nur in farblichen Abbildungen, sondern auch in Reliefs, auf denen man den Bildinhalt ertasten kann.

„Wir nannten ihn Pimann“
von Lukas Ruegenberg / Willi Fährmann. Middelhauve Verlag, Köln 1989.
Ein Auszug aus dem Leben eines Obdachlosen.

Vorlesebücher

„Lauras Geheimnis“
von Eva Erikson. Verlag Friedrich Oetinger, Hamburg 1992.
Die Geschichte eines Mädchens, das sich von seiner Katze trennt, weil ihr Papa auf Katzenhaare allergisch reagiert.

„Tim und Pia: ganz allein!“
von Gudrun Mebs / Rotraut Susanne Berner. dtv junior Lesebär, München 3. Aufl. 1991.

Bücher für Erzieher

„Wir könnten Freunde sein“
von Rolf Krenzer. Edition Kemper im Verlag Ernst Kaufmann, Lahr 1990.

Anmerkungen
Eigene Ideen
Notizen

Geschichten

Der reichste Spatz der Welt

Weit und breit nichts als Schnee. Tschilp, tschilp, die Spatzen hungern und frieren. Alle Körnchen haben sich schon unter dem Schnee versteckt. –
„Und was machst du, du kleiner Spatz?" – „Tschilp, tschilp, ich sehe eine Scheibe Brot." – Die Spatzen picken und lassen nichts übrig. – Der vierte Spatz dort heißt Zausepeter; seht nur, wie zerzaust sein Gefieder ist.
Ja, du bist brav, Zausepeter, du hast deine Freunde nicht vergessen und bringst ihnen ein Stückchen Mohnbrezel. Du willst doch sicher mit ihnen teilen, oder nicht?
„Warum sollte ich mit ihnen teilen", denkt Zausepeter. Er verzehrt die Brezel allein und gibt niemandem etwas.
Auch im Futterhäuschen ist Zausepeter der erste. Pick, pick, pick, und die letzten Körner sind aufgepickt.
„Zausepeter, war wirklich nichts im Futternapf?"
„Tschilp, tschilp, Freunde, nichts war drin!" Zausepeter schüttelt den Kopf, aber die Körner in seinem Magen wärmen ihn.
Den Hennen geht es gut, die Bäuerin streut ihnen Futter, und die Spatzen dürfen nur zuschauen.
„Ihr wollt auch etwas? Das glaub' ich gern, ihr Spätzchen." Husch, husch – die Henne flattert auf die Spatzen zu und jagt sie weg. Nur Zausepeter konnte ein Korn erwischen. Wie groß das Korn ist! Und was nützt es Zausepeter, daß er sich versteckt hat? Die Freunde haben ihn doch gefunden. „Da seht ihr ihn, wie er sich allein stopft, und wenn er daran ersticken sollte. Kommt, Freunde, wir fliegen ihm davon!"
Zausepeter breitet seine Flügel aus und fliegt seinen Freunden nach. Der Mond scheint, und die Sterne glitzern, als hätte jemand gelbe und weiße Körner auf den Himmel gestreut. Ja, wenn das Körner für die Spatzen wären, dann gäbe es keine Not! Um sich zu wärmen, drängt sich Zausepeter hinter dem Schornstein dicht an die Freunde. Gute Nacht!
Guten Morgen! Was pfeift und zischt denn da?
Ein Zug kommt gefahren.
„Vielleicht hat er uns was mitgebracht", zwitschern die Spatzen.
„Vielleicht hat er mir etwas mitgebracht", denkt Zausepeter.
Sch, sch, sch – sch, der Zug hält. Die Puffer stoßen, bums! aneinander. Die Lokomotive bleibt stehen, der gelbe Wagen und der blaue auch, der grüne und der rote Wagen sind ebenfalls stehengeblieben. „Los, Freunde, wir fliegen hin!"
Was soll denn das?
Sch – sch, sch, sch, der Zug fährt wieder an. Die Lokomotive zieht den gelben Wagen und den blauen und den grünen. Aber der rote Wagen ist auf dem Bahnhof geblieben. So ein Ereignis!
„Tschilp, tschilp, Korn wird verladen!" Viele tausend Körner fahren auf einem Band in den Waggon.
„So etwas Herrliches, und ich soll einzelne Körner von der Erde auflesen?" denkt Zausepeter. Hopp, springt er auf ein Häufchen, und schon fährt er davon. Das Förderband läuft, trägt Zausepeter bis an sein Ende und schüttet ihn mit dem Korn in den Waggon. Zausepeter reißt die Augen auf! So ein Haufen Korn! Das muß der größte Kornhaufen der Welt sein. Das Korn ist verladen. Ein Arbeiter kommt und schließt die Waggontür. Das Lastauto brummt, knurrt und fährt davon. Die Spatzen haben sich nun satt gegessen und spielen Haschen.

Anmerkungen
Eigene Ideen
Notizen

Dem Schneemann ist das einerlei. Körner schmecken ihm nicht, und Haschen spielen kann er auch nicht.
Auch Zausepeter ist es einerlei, was die Spatzen draußen machen. Vielleicht weiß er gar nicht, daß er im Waggon eingesperrt ist. Er sieht nur noch den Haufen Körner. Er stolziert auf ihm herum, er streichelt ihn mit den Flügeln. Das ist mein Korn, frohlockt er, das gehört mir allein.
Die machen aber ein Geschrei, die Spatzen. Sie springen so lange auf den Drähten herum, bis sie den Schnee von ihnen hinunterschütteln.
„Es schneit", schreien sie einander zu, „schnell fort, es schneit!" – „Es schneit Körner", ruft Zausepeter und wirft die Körner in die Luft. „Tschilp, tschilp, ich bin der reichste Spatz der Welt!"

Schornstein. Kein anderer Spatz hat soviel Korn wie Zausepeter, und doch sind alle glücklicher als er. Er weint, und schließlich schläft er ein. Plötzlich weckt ihn ein Getöse. Der Arbeiter ist zurückgekommen und hat die Waggontür aufgestoßen. Frrr – schon ist Zausepeter draußen.
Seht ihr, wie er sich freut? Nicht einmal Abschied hat er vom Kornhaufen genommen, kein letztes Korn mehr aufgepickt. Husch, fliegt er zu seinen Freunden, ohne sich auch nur einmal umzusehen.

Wo die Spatzen wohl diesen winzigen Rodelschlitten her haben? Das war bestimmt ein Puppenrodel. Kinder vergessen ja oft ihr Spielzeug vor dem Haus. Die Spatzen rodeln, und der vollgestopfte Zausepeter beginnt sich zu langweilen.
Schon freut es Zausepeter nicht mehr, mit dem Kornhaufen zu spielen. Er fliegt zur Fensterluke und hört zu, was die Spatzen zwitschern. „Ich bin der reichste Spatz der Welt", ruft er ihnen zu. Aber er ist gar nicht sehr froh.
Die können aber Schneebälle wälzen! Vielleicht wollen sie sogar einen kleinen Schneemann für die Spatzenkinder machen. Und Zausepeter darf nur zuschauen. Er ist der reichste Spatz der Welt und ist dabei allein und verlassen.
Aber, aber, Zausepeter, du weinst doch nicht gar?
Er weint und sehnt sich nach seinen Freunden, auch nach dem Plätzchen hinter dem

„Ja, meine Lieben, jetzt werdet ihr staunen! Das ist eine Überraschung! Ich habe einen großen Mohnkopf gefunden. Pick, pick, wie es darin herrlich rasselt!
Tschilp, tschilp, wo seid ihr denn?"
Die Spatzen haben im Korb ein Stück Semmel gefunden. Sie stürzen sich darauf, daß der Schnee nur so stiebt und ihre Schwänzchen vor Aufregung wackeln.
„Wer ruft uns? Zausepeter? Der reichste Spatz der Welt? Warum ist er denn nicht bei seinem Kornhaufen geblieben?"
Zausepeter strengt sich mächtig an. Schon hat er in den Mohnkopf ein Loch gepickt, schon rinnt der blaue, süße Mohn heraus. Die Freunde fliegen hin. „Was ist denn los? Zausepeter hat einen Mohnkopf gefunden und uns gerufen."
„Ich bin ja so froh, wieder bei euch zu sein", ruft Zausepeter. „Ich habe einen Mohnkopf gefunden und will ihn mit euch teilen. Bei euch ist es doch viel schöner als auf dem großen Kornhaufen. Und diesen Mohn wollen wir gemeinsam aufpicken. Laßt euch's gut schmecken, Spätzchen!"

Aus:
„Der reichste Spatz der Welt und andere Geschichten"
Südwest Verlag, München.

Das Mädchen, das mit der großen Zehe essen kann

Wo du zwei lange Arme hast und Hände an jedem Arm und fünf Finger an jeder Hand, da hat sie nur zwei Armstümpfe und ein paar verzogene, winziger Finger. Das ist ein Unglück, keiner kann es ändern. Ansonsten aber hat sie alles wie du: Verstand wie du, Hunger wie du, und wenn jemand einen Witz macht, dann lacht sie sich kaputt wie du. Sie bekommt ein dickes Kissen auf den Stuhl, und ehe du dich versiehst, hat sie die Schuhe herunter, den Fuß auf dem Tisch, Löffel zwischen der großen Zehe und der, wie nennen wir sie bloß, sagen wir der Zeigefingerzehe. So ißt sie geschickt wie jeder andere und läßt es sich schmecken.

Du freilich fällst fast vom Stuhl vor lauter Neugier. Das ist verständlich. Alles, was wir noch nicht gesehen haben, macht uns neugierig. Gerade diese Neugier aber mag unser Mädchen gar nicht. Sie möchte auch lieber mit der Hand essen wie du. Nur weil sie es nicht kann, hat sie es so gelernt. Möchte deswegen aber nicht wie ein Wunderkind angestarrt werden, als wäre sie im Zirkus, als wäre sie nicht ein richtiger Mensch.

Denn sie ist genauso wie du. Sie möchte eine Freundin, sie möchte gute Noten in der Schule, eine Zwei im Sport – sie kann schwimmen, und skilaufen kann sie auch – und sie wünscht sich einen ganzen Haufen von Spiel- und Schulkameraden, die dann und wann ein bißchen rücksichtsvoll sind, ohne große Worte darüber zu verlieren, sie im übrigen aber nehmen, wie sie ist: ein Mädchen, das ihre Schulbrote mit der großen Zehe essen kann.

Es gibt blinde Kinder, schwerhörige, einbeinige, bucklige und hinkende Kinder. Kinder, die schielen, gibt's und welche, die stottern. Sie sind, wie wir sind. Auf wen warten sie wohl?

Kurtmartin Magiera

Aus: Kurtmartin Magiera
„Sakrament Brot",
Verlag Butzon & Bercker, Kevelaer 7. Aufl. 1979.

Tim und das schwarze Schaf

Der Junge hieß Tim. Er war fast sieben Jahre alt. Manchmal war er traurig. Er war nämlich ein besonders dicker Junge, der allerdickste in der ganzen Klasse. Und besonders klein war er, der allerkleinste in der ganzen Schule! Die anderen Kinder nannten ihn meistens „Möpschen" oder „Dicker". Das meinten sie nicht böse. Aber Tim wurde oft sehr wütend darüber. Er schrie: „Ihr häßlichen langen Bohnenstangen! Ihr dürren Klappergestelle! Ihr Zaunlatten!"

Dann lachten die anderen Kinder ihn aus, weil er sich so aufregte. Und Tim wurde sehr traurig, weil er so klein und dick sein mußte. Er wohnte mit seinen Eltern in einer großen Stadt. Ihre Wohnung war in einem Keller. Die Fenster reichten bis auf die Erde. Eigentlich hätten sie gar keine Haustüre gebraucht. Tims Vater war ein Schuster. Eines Tages ging Tim zu seinem Vater in die Werkstatt. „Was gibt es?" fragte der. Er merkte sofort, daß Tim traurig war. „Sie lachen mich aus, weil ich so dick bin. Weshalb muß ich nur so schrecklich aussehen?"

„Du siehst doch nicht schrecklich aus!" rief der Vater. „Du siehst wie Tim aus. Auf der ganzen Welt gibt es nur einen einzigen Tim. Und der ist nun einmal dick. Du mußt dich daran gewöhnen."

Anmerkungen
Eigene Ideen
Notizen

„Aber ich will und will und will nicht!" rief Tim. „Ich werde jetzt einfach nichts mehr essen, bis ich dünn bin."
„Davon wirst du nur krank. Das kleine schwarze Schaf ist auch krank geworden. Ich will dir die Geschichte erzählen:
Also, es war einmal ein kleines schwarzes Schaf. Alle anderen Schafe in der Herde waren weiß. Jedenfalls meinten sie, sie wären weiß. Eigentlich sahen sie mehr grau aus. Aber zu dem kleinen Schwarzen sagten sie: ‚Böh! Du bist aber scheußlich schwarz!' Und dann war das schwarze Schäfchen traurig. Es lief fort und versteckte sich. Einmal stellte es sich sogar drei Stunden in einen tiefen Bach. Doch der konnte es auch nicht weiß waschen. Es bekam nur einen Schnupfen von dem kalten Wasser. Da lief es zu einer anderen Herde. Aber da erging es ihm nicht besser. ‚Böh!' machten die fremden Schafe. ‚Habt ihr schon so etwas Schwarzes gesehen? Alle Schafe müssen weiß sein!' Da dachte das arme Schäfchen, der liebe Gott hätte sich vielleicht bei ihm geirrt mit der schwarzen Farbe. Es wollte zu ihm gehen und ihn bitten, es weiß zu machen wie die anderen Schafe. Zuerst kam es an das kleine Himmelstor. Der Türhüter wollte es nicht vorüberlassen, weil es so schwarz war. Aber es machte sich ganz klein und schlüpfte an ihm vorbei. Der Türhüter am mittleren Himmelstor hatte Mitleid mit ihm, weil es so schwarz sein mußte. Deshalb ließ er es weitergehen. Aber der Türhüter am letzten, großen Himmelstor, der rief: ‚Ach, wie hübsch! Ein schwarzes Schäfchen! Du gefällst mir aber gut!' Und er führte es zum lieben Gott. Nun bekam das Schäfchen plötzlich Angst. Vielleicht wollte der liebe Gott keine schwarzen Schafe sehen? Seine dünnen Schafsbeine zitterten vor Angst. Doch da rief der freundliche Türhüter: ‚Wie wunderbar schön hast du alles gemacht, lieber Himmelsvater! Ist dies nicht ein ganz entzückendes kleines schwarzes Schäfchen? Gewiß hast du es besonders lieb!' Und der liebe Gott sah das kleine Schwarze an und sagte: ‚Ja!' Sonst gar nichts. Aber das Schäfchen war im gleichen Augenblick so glücklich wie noch nie in seinem Leben. Es sprang zurück zu seiner Herde. ‚Böh!' machten die anderen Schafe. ‚Das häßliche Schwarze ist wieder da.' Aber das Schäfchen dachte nur daran, daß der liebe Gott es selbst so schwarz gemacht hatte, und daß er es lieb hatte und schön fand. Da konnte es nur noch fröhlich sein. ‚Ja', sagte es, ‚ich weiß, ich bin schwarz.' Und es fraß sein Gras und war immer freundlich zu den anderen Schafen. Die gewöhnten sich schließlich an ihr schwarzes Brüderchen und ließen es in Ruhe."
„Meinst du, ich bin auch ein Schaf?" fragte Tim. „Manchmal!" lachte der Vater. „Sonst wüßtest du doch, wie langweilig es wäre, wenn alle Leute gleich aussähen." Tim gab ihm einen Kuß und lief zu den anderen Kindern.

„Da ist der Dicke wieder!" riefen sie. Ein großer Junge sagte: „Der könnte Tormann sein. Er ist so schön fett. Kein Ball würde an ihm vorbeigehen." Fett, sagte er! Tim mußte ordentlich schlucken. Aber dann lachte er und nickte: „Wenn ich mitspielen darf, will ich gerne Tormann sein." – „Du gefällst mir!" rief der Große und schlug ihm auf die Schulter. „Du bist kein Übelnehmer."
Den ganzen Tag blieb Tim mit den Kindern zusammen. Es wurde ein ganz besonders schöner Tag. *Ursula Wölfel*

Aus: Ursula Wölfel,
„Feuerschuh u. Windsandale",

Eine weitere Geschichte siehe Heft 1, Seite 3
„Wie kann man nur Öskül heißen".

Anmerkungen
Eigene Ideen
Notizen

Reime

Ein Freund

Ein Freund ist jemand,
der dich gern hat.
Es kann ein Junge sein.
Es kann ein Mädchen sein.
Oder eine Katze.
Oder ein Hund.

Manchmal erkennst du deine Freunde nicht,
auch wenn sie bei dir sind die ganze Zeit.
Du gehst an ihnen vorbei
und siehst nicht, wie gern sie dich haben
auf ihre Art.
Und wenn du dann denkst,
du hast keine Freunde,
dann mußt du innehalten
und dich besinnen ...

Freunde mußt du eben manchmal suchen!

Manche haben viele, viele Freunde.
Manche haben ein paar Freunde.
Aber jeder,
jeder in der ganzen weiten Welt
hat bestimmt einen Freund!

Hast du deinen gefunden?

Joan Walsh Anglund (gekürzt)

Aus: Joan Walsh Anglund,
„Ein Freund ist jemand, der Dich gern hat",

Wann Freunde wichtig sind

Freunde sind wichtig
zum Sandgrubenbauen,
Freunde sind wichtig,
wenn andre dich hauen,
Freunde sind wichtig
zum Schneckenhaussuchen
Freunde sind wichtig
zum Essen von Kuchen.

Vormittags, abends,
im Freien, im Zimmer ...
Wann Freunde wichtig sind?
Eigentlich immer!

Georg Bydlinski

Aus:
„Der Mond heißt heute Michel", Verlag Herder,
Wien.

Lieder

Wenn du traurig bist

Text: Renate Lüber/Musik: Bernd Seitz

2. Komm mit uns, rufen die Freunde,
komm mit uns, wir gehn hinaus,
draußen geht's dir wieder besser,
draußen sieht's gleich anders aus.

3. Komm, nun sei doch nicht mehr traurig,
sieh, du bist doch nicht allein;
wir sind alle deine Freunde,
und so soll es immer sein.

Fünf kleine Spatzenkinder

Text und Musik: Klaus W. Hoffmann

Aus:
Klaus W. Hoffmann,
„Ene mene Singsang",
Otto Maier Verlag,
Ravensburg.

2. Zwei kleine Spatzenkinder
zwitscherten so froh,
da kam ein drittes Spatzenkind
und tat es ebenso.

3. Drei kleine Spatzenkinder
tanzten Rock 'n' Roll,
ein viertes Spätzchen tanzte mit
und fand den Rhythmus toll.

4. Vier kleine Spatzenkinder
flogen aus dem Nest,
ein fünftes wollte mit, vor Angst
hielt sich's am vierten fest.

5. Fünf kleine Spatzenkinder
badeten im Dreck,
doch als die große Katze kam,
da flogen alle weg.

Anmerkungen
Eigene Ideen
Notizen

Das Lied vom Anderssein

Text und Musik: Klaus W. Hoffmann

2. Im Land der Rotgefleckten
sind alle rotgefleckt.
Doch wird ein Grüngestreifter
in diesem Land entdeckt,
dann rufen Rotgefleckte:
„Der paßt zu uns doch nicht!
Er soll von hier verschwinden,
der grüngestreifte Wicht!"

3. Im Land der Grüngestreiften
sind alle grüngestreift.
Doch wenn ein Blaukarierter
so etwas nicht begreift,
dann rufen Grüngestreifte:
„Der paßt zu uns doch nicht!
Er soll von hier verschwinden,
der blaukarierte Wicht!"

4. Im Land der Buntgemischten
sind alle buntgemischt.
Und wenn ein Gelbgetupfter
das bunte Land auffrischt,
dann rufen Buntgemischte:
„Willkommen hier im Land!
Hier kannst du mit uns leben,
wir reichen dir die Hand!"

Aus:
Klaus W. Hoffmann u. Rudi Mika, „Wie kommt die Maus in die Posaune?", AKTIVE MUSIK Verlagsges., Dortmund.

Anmerkungen
Eigene Ideen
Notizen

Wenn's zu Haus viel Arbeit gibt

Text: Rolf Krenzer
Musik: Detlev Jöcker / Lele Oppenheimer

Aus: Liedheft und MC : „Elefantis Liederwiese", Alle Rechte im Menschenkinder Verlag, Münster.

2. Wollen wir im Garten graben,
packt ein jeder zu.
Und zusammen, ja, zusammen
schaffen wir's im Nu.

3. Wollen wir die Äpfel pflücken,
packt ein jeder zu.
Und zusammen, ja, zusammen
schaffen wir's im Nu.

4. Wollen wir die Straße fegen,
packt ein jeder zu.
Und zusammen, ja, zusammen
schaffen wir's im Nu.

5. Woll'n wir unser Essen kochen,
packt ein jeder zu.
Und zusammen, ja, zusammen
schaffen wir's im Nu.

6. Wollen wir zusammen feiern,
packt ein jeder zu.
Und zusammen, ja, zusammen
schaffen wir's im Nu.

7. Wollen wir zusammen tanzen,
packt ein jeder zu.
Und zusammen, ja, zusammen
schaffen wir's im Nu.

8. Sind wir müde von der Arbeit,
decken wir uns zu.
Und zusammen, ja, zusammen
schaffen wir's im Nu.

Bei diesem Lied können alle mitmachen:
Einer macht die Arbeiten vor, und alle anderen ahmen sie pantomimisch nach. Es können beliebig weitere Tätigkeiten eingesetzt werden, z. B.: Brett sägen, Schafe hüten, Kühe melken usw.

Anmerkungen
Eigene Ideen
Notizen

Kreisspiel

Brummelbär will tanzen

überliefert

2. Und er hebt die Füße,
eins und zwei und drei und vier.
Dreht sich noch im Kreise,
der liebe Brummelbär.
Brummel, Brummel, rum, vidibum,
Brummel, Brummel, rum, vidibum,
Dreht sich noch im Kreise,
der liebe Brummelbär.

3. Tanzt nicht gern alleine,
ja, das weiß ich ganz genau.
Sucht sich drum beim Tanzen,
die schönste Brummelfrau.
Brummel, Brummel, rum, vidibum,
Brummel, Brummel, rum, vidibum,
Sucht sich drum beim Tanzen,
die schönste Brummelfrau.

So wird gespielt:
Die Kinder stehen oder sitzen im Kreis. Der Brummelbär macht das Gesungene im Kreis vor. Bei „Brummel, Brummel …" klatschen und stampfen die „Kreiskinder" mit.

Anmerkungen
Eigene Ideen
Notizen

Manuelles Gestalten

Schaukelbären

Die Bären werden aufgemalt, ausgemalt, ausgeschnitten und von vorn nach hinten mit Musterbeutelklammern zusammengehalten. Wenn man an den Pappstreifen zieht, fangen sie an zu schaukeln.

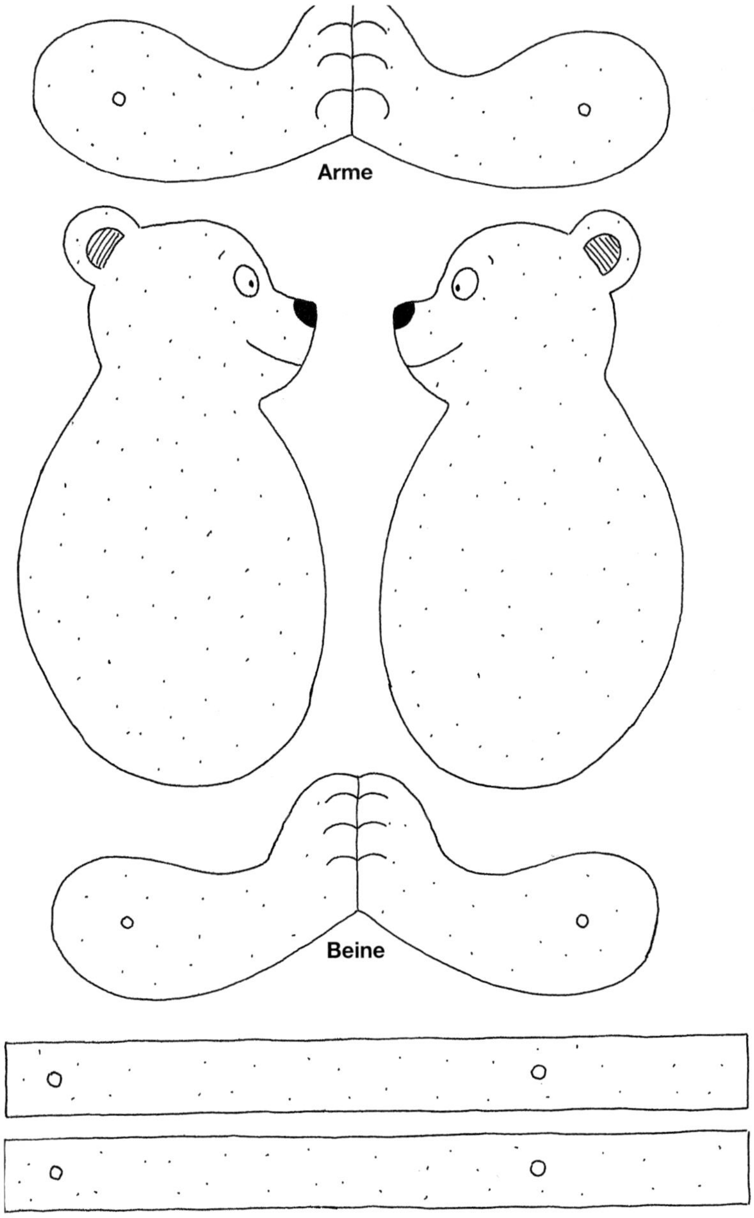

Leisten, die die Bären von hinten zusammenhalten (aus festem Karton).

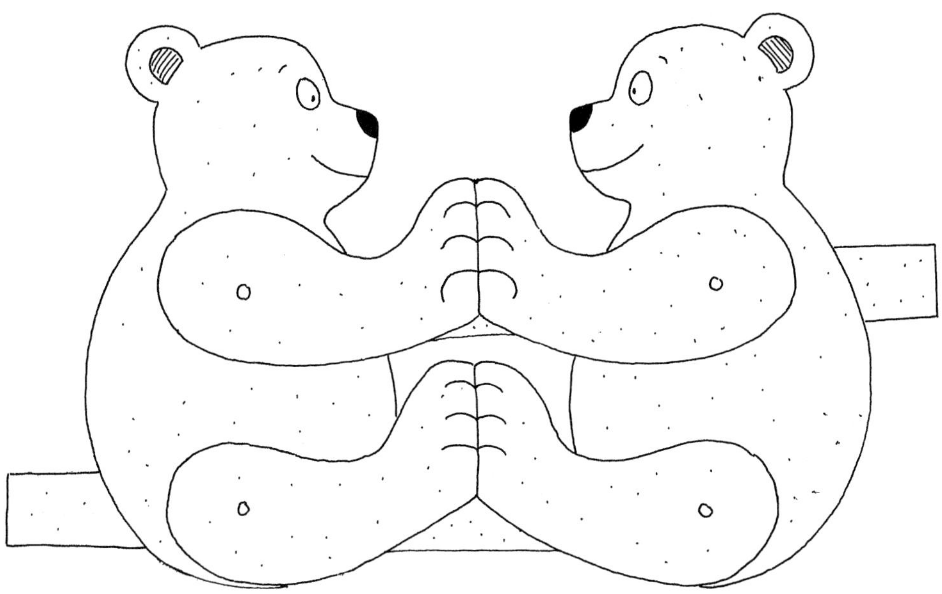

Die Schaukelbären können beliebig vergrößert werden.

Anmerkungen
Eigene Ideen
Notizen

Malen

Gemeinschaftsarbeit
Unter dem Thema: **Das sind wir – unsere Gruppe –**, malen sich alle Kinder der Gruppe auf ein großes Plakat.

Weitere Themen:

Mein Freund und ich.

Meine Freunde und ich.

Wir malen, was wir in unserer Gruppe alles zusammen spielen können. Das Spiel in der Bau-, Puppen- und Bilderbuchecke oder am Maltisch, Eßtisch . . .

Wir malen Bilder, auf denen gezeigt wird, wo wir anderen helfen, wo wir mithelfen können.

Basteln

Aus Karton schneiden wir Figuren aus, bemalen sie mit Wachsfarben oder Buntstiften und kleben die Haare aus Woll- oder Fellresten auf. Anstatt Kleider zu malen kann man auch ausgeschnittene Stoffreste aufkleben.
Mit mehreren Figuren kann man auch eine Kindergartengruppe gestalten.

Rhythmik

Partnerübungen

Rhythmik mit Reifen

- Jedes Kind erhält einen Reifen, sucht sich einen Platz und legt ihn leise auf den Boden.
- Beim Einsetzen der Musik (Xylophon o.ä.) gehen alle im Raum, beim Unterbrechen der Musik geht jeder in seinen Reifen – „sein Häuschen“ – zurück.
- Jetzt darf jeder einen Freund besuchen, dann sind sie jeweils zu zweit in einem „Häuschen“.
- Beim Wiedereinsetzen der Musik gehen beide Hand in Hand gemeinsam durch den Raum, beim Beenden der Musik gehen sie wieder ins Häuschen zurück.
- Im folgenden stehen sich zwei Kinder außerhalb ihres Reifens gegenüber, ein Kind macht Bewegungen vor, das andere Kind macht diese nach – dann Wechsel, der wie folgt aussehen könnte:
auf dem Reifen laufen; in den Reifen hüpfen; aus dem Reifen hüpfen; um den Reifen in Hocke, auf Zehenspitzen gehen; den Reifen vor sich heben und durchschlüpfen; mit dem Reifen laufen – Reifen vor sich auf den Boden stellen – mit den Füßen durchtreten – den Reifen, in dem man nun steht, hinter sich hochziehen und wieder vor sich stellen . . .
- Ein Kind steht in den Reifen, das andere Kind hält den Reifen waagrecht hoch, dann gehen beide. Das Kind, das im Reifen ist, darf ihn nicht berühren. – Wechsel.
- Zum Schluß legen wir den Reifen auf den Boden, die beiden Kinder befinden sich außerhalb. Jedem Kind wird eine Kugel zugerollt, diese dürfen sie gemeinsam in einem ihrer Reifen umherrollen lassen.

Partnerübungen kann man auch gut mit Bällen oder Seilen machen.

Anmerkungen
Eigene Ideen
Notizen

Religiöse Erziehung

Lied

Daß uns Gott behüte

Text: Jutta Richter / Musik: Ludger Edelkötter

Aus:
IMP 1036 „Weil du mich so magst“

Weitere Lieder siehe Heft 1, Seite 12 und 13; Heft 8, Seite 15.

2. Wenn ich mir was wünschen dürfte, wünschte ich mir großen Mut,
daß ich niemals ängstlich wäre, leben könnte stark und gut.
Will nicht wüten, will nicht streiten, weil ich das nicht mag,
und daß uns Gott behüte, jetzt und jeden Tag.

3. Wenn ich mir was wünschen dürfte, wünschte ich der ganzen Welt
einen großen, bunten Frieden, der für immer alle hält,
und daß niemand Hunger hätte, alle wären satt,
und daß uns Gott behüte, jetzt und jeden Tag.

Biblische Geschichte

„Der barmherzige Samariter“, Bibeltext Lukas 10, 25–37.

Bilderbuch

„Der barmherzige Samariter“
Aus der Reihe: „Was uns die Bibel erzählt“. Württembergische Bibelanstalt, Stuttgart 1968.

Anmerkungen
Eigene Ideen
Notizen

Berufe

Information

● Als Beruf bezeichnen wir die Tätigkeit, die ein Mensch im Rahmen der Sozialordnung als Aufgabe ausfüllt.
Der Beruf dient nicht nur zum Erwerb des Lebensunterhalts, sondern nimmt auch einen ganz besonderen Stellenwert im Leben eines Menschen ein.
Zu einem Beruf gehören Rechte und Pflichten.

● Der Beruf ist ein soziales Urphänomen aus den frühen Entwicklungsstufen der menschlichen Gesellschaft.
Zu den Urberufen zählten die Sammler, Jäger, Hirten, Fischer, Ackerbauer, Schmiede, Töpfer, Weber, Händler, Sänger und Priester. Letztgenannte waren zugleich auch Ärzte und Lehrer.

● In der Antike wurde eine staatlich geregelte Berufsordnung geschaffen. Hier entwickelten sich neben den Urberufen die städtischen Handwerksberufe.

● Die von den Römern eingeführte Zunftordnung wirkte in der mittelalterlichen Berufsordnung nach. Sie war eine Ordnung der Grundberufe, eine genossenschaftliche Vereinigung der Gewerbetreibenden.
In ihr wurden beispielsweise die Lehrlings- und Meisterausbildung reglementiert und somit ein Qualitätsstandard gewährleistet. Ebenso wurden die Rechte und Pflichten der einzelnen Mitglieder festgelegt. Die Zünfte boten Schutz vor unerwünschter, fremder Konkurrenz und gewährleisteten den sozialen Stand ihrer Mitglieder.
Mit der Einführung der Gewerbefreiheit im 19. Jahrhundert in Deutschland wurden die Zünfte allmählich aufgehoben. Neue Formen des beruflichen Zusammenschlusses entstanden in den Innungen.

● Aus den Grundberufen erwuchsen im Laufe der Zeit durch Spezialisierung die neuzeitlichen Berufe.
Durch das Aufkommen der Industrie im 18. Jahrhundert vermehrten sich die Berufsarten. Es kam zu einer immer größer werdenden Arbeitsteilung.

● Heute gibt es eine fast unüberschaubare Anzahl von Berufen. Diese kann man grob unterteilen in: Handwerksberufe, Kaufmännische Berufe, Verwaltungsberufe, Soziale Berufe, Heil- und Pflegeberufe, Dienstleistungsberufe, Lehrberufe, Verkehrsberufe, Künstlerische Berufe, Wissenschaftliche Berufe, Geistliche Berufe usw.
Unsere Berufe unterliegen einem stetigen Wandel. Sie müssen ständig den Erfordernissen angepaßt werden, bzw. ständig auf den neuesten Stand der Technik gebracht werden.

Informationsmaterial über die einzelnen Berufe erhält man z.B. beim Arbeitsamt, der Polizei, der Post ...

● Das Wort Beruf bedeutete urprünglich Berufung in geistlichem Sinn. Im Laufe der Jahrhunderte unterlag dieser Begriffsinhalt jedoch mehrfachen Wandlungen.
Die idealistische Berufsauffassung herrschte bis zum 19. Jahrhundert vor. Eine mehr funktionelle Berufsauffassung setzte sich mit Beginn der Industrialisierung durch.
Die ethische Seite im Beruf blieb jedoch erhalten, wodurch sich auch der Beruf vom Job, der zufälligen Erwerbstätigkeit, unterscheidet.

● Einen Beruf erwirbt man durch die Berufsausbildung. In dieser werden die für die Berufsausübung erforderlichen Kenntnisse und Fertigkeiten vermittelt. Ebenfalls umfaßt sie die Erziehung zum Arbeitswillen und zur Berufsgesinnung.

Anmerkungen
Eigene Ideen
Notizen

Die Berufsausbildung schließt mit einer Abschlußprüfung ab, unabhängig davon, ob man diese durch eine Lehre, den Besuch einer Fachschule oder durch ein Studium an einer Hochschule erwirbt. Diese Ausbildungsgänge sind durch das Berufsbildungsgesetz geregelt.

- Unter Berufsfreiheit versteht man das Recht des Staatsbürgers, seinen Beruf, seine Ausbildungsstätte und seinen Arbeitsplatz frei zu wählen. Dieses Recht wird durch das Grundgesetz gewährleistet.
  Einschränkungen kann es z.B. geben, wenn nicht genügend Ausbildungsplätze vorhanden sind (Numerus clausus an Hochschulen). Auch hier gilt das Gesetz von Angebot und Nachfrage.
- Eine Berufsausbildung ist für Mann und Frau gleichermaßen wichtig, da jeder in der Lage sein sollte, seinen Lebensunterhalt selbst zu bestreiten und auch seinen Lebenssinn selbst zu bestimmen.

Gespräche

Über die Vielzahl der Berufe:

- Welche Berufe wir kennen, z.B. Polizist, Feuerwehrmann, Bäcker, Verkäufer, Schreiner, Arzt, Lehrer usw.
- Warum man einen Beruf erlernt. Einerseits um seinen Lebensunterhalt zu bestreiten. Man muß Geld verdienen, um die Miete, Lebensmittel, Kleider usw. bezahlen zu können. Andererseits gibt der Beruf dem Leben einen Sinn. Man nimmt mit ihm einen Platz in der Gesellschaft ein. Einen Beruf, den man mit Freude ausübt, bedeutet auch Lebensqualität.
- Welche Berufe die Eltern ausüben und was wir über ihre Arbeit wissen. Auch Hausfrau oder Hausmann ist ein Beruf.

Wenn ein Elternteil eines Kindes keinen Beruf hat oder arbeitslos ist, ist es Aufgabe der Erzieherin, die Situation aufzufangen und dem Kind die Möglichkeit zu geben, über den Beruf von Onkel, Tante oder eines Bekannten zu berichten.

- Was Oma und Opa arbeiten bzw. gearbeitet haben. Was man unter Ruhestand und Rentnerdasein versteht, und daß man als Rentner noch Geld erhält, ohne dafür zu arbeiten.
- Was ich einmal werden möchte, und daß man sich für den Beruf, den man erlernen möchte, auch eignen muß. Nicht jeder eignet sich für jeden Beruf.
  So sollte beispielsweise jemand, der Gärtner werden möchte, Freude an Pflanzen und Blumen haben.
- Einen Beruf muß man erlernen. Dazu macht man eine Berufsausbildung, eine Lehre oder ein Studium.
- Wer wo arbeitet. So beispielsweise der Bauer auf dem Feld und im Stall; der Gärtner im Garten, in Grünanlagen und im Gewächshaus; die Verkäuferin im Laden; der Bäcker in der Backstube; der Maurer auf der Baustelle; der Schreiner in der Schreinerei; der Lehrer in der Schule; der Arzt in der Praxis oder im Krankenhaus; der Apotheker in der Apotheke, der Dirigent und die Musiker im Konzertsaal; der Künstler im Atelier usw.

Bei Film- und Bildstellen sollte man sich nach Bildmaterial zu den Berufen erkundigen, die man mit den Kindern ausführlicher kennenlernen möchte.

- Für manche Berufe braucht man Werkzeuge, Maschinen, Werkstoffe, Arbeits- bzw. Schutzkleidung wie z.B der Schweißer, Holzfäller, Chemiker, Feuerwehrmann usw.
- Heute gibt es andere Berufe als früher. Die Arbeit bzw. die Hilfsmittel haben sich im Laufe der Zeit oft verändert. So beispielsweise bei der Arbeit des Bauern. Früher hatte der Bauer einen Pferdewagen. Heute fährt er mit einem starken Traktor. Früher, bevor die Elektrizität entdeckt wurde und man daher in den Häusern kein elektrisches Licht und keine Steckdosen hatte, brauchte und kannte man auch keinen Elektriker.

Bilderbücher:
„Ich bin Bauer".
Meisinger Verlag.
„Kaum hundert Jahre ist es her".
Ravensburger Verlag.

- Obwohl es Unterschiede im Ansehen einzelner Berufe gibt, sind alle Berufe wichtig, denn wir sind alle voneinander abhängig. In einem Krankenhaus braucht man beispielsweise Ärzte, die die Patienten untersuchen, ihre Krankheiten erkennen und festlegen, wie man sie behandeln soll; Krankenschwestern und Pfleger, die die Patienten versorgen – sie waschen, ihre Wunden verbinden, ihnen Medikamente und das Essen bringen, ihre Betten machen, Fieber messen und den Puls fühlen; Raumpflegerinnen, die die Räume sauberhalten, die Böden wischen, die Waschräume und die Toiletten putzen; Medizinisch-technische Assistentinnen, die Blut abnehmen, Laboruntersuchungen und Röntgenaufnahmen machen; Köche und Küchenpersonal, die das Essen für die Patienten kochen und das Geschirr spülen; Fachleute und Hilfskräfte, die in der Wäscherei arbeiten und die viele Bettwäsche reinigen; Hausmeister, die die Heizung warten und für das warme Wasser zuständig sind; Wartungstechniker, die die vielen Geräte und Instrumente im Krankenhaus betriebsbereit halten; Verwalter und Sekretärinnen, die sich um die Schreibarbeiten kümmern; Pförtner, die Auskünfte geben usw. Nur wenn sie alle zusammenarbeiten, kann ein geregelter Krankenhausbetrieb aufrechterhalten werden.

- Von der Arbeit muß man sich auch ausruhen, dazu hat man freie Tage und Urlaub.

- Wenn man krank ist, braucht man auch nicht zu arbeiten.

- Manche Menschen haben keine Arbeit, sie sind arbeitslos. Arbeitslos kann man z. B. werden, weil Maschinen die Arbeit von Menschen übernehmen. Um diese Maschinen bedienen zu können, braucht man weniger Menschen, diese müssen aber qualifiziert sein.

- Es gibt auch Berufsgruppen, die langsam aussterben, weil ihre Arbeit von Maschinen übernommen wird oder ihre Dienste nicht mehr gebraucht werden. So werden z.B. heute bei uns keine Lokomotivheizer mehr ausgebildet. Über den Beruf des Löffelschmieds, des Wagners oder des Seilers kann man sich heute nur noch im Museum informieren.

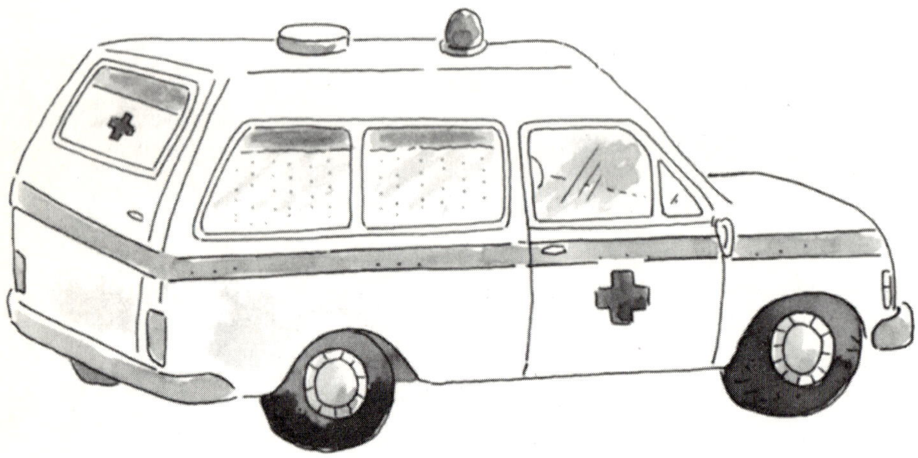

Einladung

Wir laden z. B. die Polizei, das Rote Kreuz oder die Feuerwehr zu uns in den Kindergarten ein. Natürlich mit ihren Dienstfahrzeugen.
Bei der Feuerwehr wird es im Kindergarten nur eine Kontaktstunde sein, die die Kinder vorbereitet, denn der darauffolgende Besuch im Spritzenhaus sollte nach Möglichkeit nicht fehlen.

Ausgang

Wir besuchen Arbeitsstätten in unserer Umgebung. Oder verbinden den Besuch einer etwas entfernt liegenden mit einem Ausflug. Ziele können beispielsweise sein:
- Schmiede
- Schlosserei
- Glashütte
- Schreinerei / Zimmerei
- Buchbinderei

- Theaterwerkstatt
- Post
- Baustelle (nur von außen besichtigen) oder auch ein
- Museumsdorf, in dem alte Berufe vorgestellt werden.

Solche Ausgänge können zu einem bleibenden Erlebnis werden. Hierfür müssen sie jedoch gut vorbereitet sein, d.h. Kontakt aufnehmen, Räumlichkeiten zuvor selbst besichtigen, Kinder darauf vorbereiten, den Ausgang gut organisieren.

Rollenspiel

Wir spielen im Rollenspiel die einzelnen Berufsgruppen nach. Für das Spiel ausreichend Utensilien zur Verfügung stellen. Unter anderem auch selbst hergestellte.

Collage

Aus Zeitschriften, Prospekten usw. schneiden wir Berufsbilder aus und kleben sie in Berufsgruppen geordnet zusammen oder ordnen Maschinen, Werkzeuge und Materialien den einzelnen Berufen zu.

Zunftschilder

Aus Sperrholz sägen und bemalen wir Zunftschilder von ortsansässigen Handwerkern. Wie die einzelnen Handwerkszeichen aussehen, kann man bei den Innungen und Handwerkern erfragen.

Diese Zunftschilder sind für den Maibaum gedacht. An ihn werden sie genagelt.

Bilderbücher/Sachbücher

„Nimm mich mal mit!“
Kinder entdecken Berufe
von Christine Merz / Hartmut Schmidt. Verlag Herder, Freiburg, Wien, Basel 1991.

Aus der Reihe **„Schau mal“** von Heiderose und Andreas Fischer-Nagel im Kinderbuchverlag Luzern:
„Schau mal: Glas“
„Schau mal: Unsere Wolle“
„Schau mal: Seide“
„Schau mal: Unser Holz“
von Amos Bar / Shuka Glutman
„Schau mal: Baumwolle“

Aus der Reihe **„Ich bin“** von Dick Swayne / Val Williams im Kinderbuchverlag Luzern
„Ich bin Koch“
„Ich bin Bäuerin“
„Ich bin Tierarzt“
„Ich bin Krankenschwester“
„Ich bin Fischer“
„Ich bin Tänzerin“

Aus der Reihe **„Guck mal“** von Brigitte Johanna Henkel-Waidhofer im Franckh-Kosmos Verlag, Stuttgart:
„Die Polizei“, 1991.
„Die Feuerwehr“, 1991.
von Brigitte Johanna Henkel-Waidhofer / Cira Moro:
„Die Post“, 1992.
„Die Eisenbahn“, 1992.
„Unser Rathaus“, 1992.
„Unser Müll“, 1992.

Aus der Reihe **„Der Guckkasten“** im Saatkorn-Verlag, Hamburg:
„Beim Hausbau“
„Der Zimmermann“
von Hans Werther / Lydia van Andel / Ineke van Sijl, 1989.
„Binnenschippern“
von Bert Blokhuis / Lydia van Andel / Ineke van Sijl, 1988.
„Bei der Ärztin“
von Jolanda Msika / Lydia van Andel / Ineke van Sijl.
„Der Flughafen“, 2. Aufl. 1992
„Im Flugzeug“, 1992.
„Das Papier“, 1990.
„Meine Brille“
von Rein van Koppenhagen / Lydia van Andel / Ineke van Sijl, 2. Aufl. 1992.

Aus der Reihe: **„Farbiges Wissen“** im Otto Maier Verlag, Ravensburg:
„Die Menschen und ihre Berufe“
„Woraus die Dinge gemacht sind“

„Bei der Arbeit“
von Hildegund Schuster / Ursula Scheffler. Otto Maier Verlag, Ravensburg 1988.

„Der Feuerwehrmann, den keiner mehr haben wollte“
von Peter Lustig / Sabine Damke. Wolfgang Mann-Verlag, Berlin 1988.

„Tatü-ta-ta die Feuerwehr ist da“
von Judith Steinbacher. ars edition, München 1989.

„Die Feuerwehr hilft immer“
von Hans Baumann / Ulrik Schramm. Annette Betz Verlag, Wien 1970.

„Wer rief denn bloß die Feuerwehr?“
von James Krüss / Erika Meier-Albert. Boje-Verlag, Erlangen 9. Aufl. 1990.

„Charly bei der Feuerwehr“
von Wolfgang Metzger / Frauke Nahrgang. Otto Maier Verlag, Ravensburg 1992.

„Unsere Feuerwehr“
von Wolfgang Metzger. Otto Maier Verlag, Ravensburg 1988.

„Piro der Pilot“
„Piro und die Feuerwehr“
von Kurt Baumann / Jiri Bernard. Nord-Süd Verlag, Gossau Zürich und Hamburg 1989 u. 1990.

„Hallo, Polizei“
von Siegfried Aust / Edith Adam. Verlag Carl Ueberreuter, Wien 1991.

„Hallo, Saubermänner“
von Siegfried Aust / Thekla Mallek. Verlag Carl Ueberreuter, Wien 1991.

„Hallo, Baumeister“
von Siegfried Aust / Claudia Collin. Verlag Carl Ueberreuter, Wien 1985.

„Hallo, Doktor“
von Siegfried Aust / Bruno Wegschneider. Verlag Carl Ueberreuter, Wien 1991.

„Julia geht zum Zahnarzt“
von Klaus Gritz / Horst Kreienbring. Kinderbuchverlag Luzern, 3. Aufl. 1984.

„Ein Tag in unserer Stadt“
von Sabine Damke / Ursula Scheffler. Otto Maier Verlag, Ravensburg 1988.

„Wir sind bekannt im ganzen Land“
von Sabine Damke. Schwann im Patmos Verlag, Düsseldorf 3. Aufl. 1990.

„Auf der Straße ist was los“
von Wilfried Gebhard. Lappan Verlag, Oldenburg 1992.

„Der Bär im Büro“
von Edith Schreiber-Wicke / Carola Holland. Thienemanns Verlag, Stuttgart 1991.

„Wir bauen ein Haus“, 1991.
„Wir sind Straßenbauer“, 2. Aufl. 1992.
„Wir fahren zur Tankstelle“, 1991.
„Wir arbeiten auf dem Bauernhof“, 2. Aufl. 1992.
alle von Paul Stickland. Carlsen Verlag, Hamburg.

„Ich bin Bauer“
von Stephan Brülhart / Elke Götze. Meisinger Verlag, München 1990.

„Ich bin Förster“
von Stephan Brülhart. Meisinger Verlag, München 1988.

„Die Handwerker“
von Maria de Posz / Thea Leitner. Annette Betz Verlag, Wien 1980.

„Werkzeug“
von Venice Shone. Carlsen Verlag, Reinbek 1991.

„Jetzt bauen wir ein Haus“
von Wolfgang Metzger / Frauke Nahrgang. Otto Maier Verlag, Ravensburg 1991.

„Viele Hände bauen ein Haus“
von Uwe Klindworth. Otto Maier Verlag, Ravensburg 1992.

Aus der Reihe **„Die Welt der Arbeit“** im Eugen Rentsch Verlag, Zürich:
„Wer arbeitet in der Nacht?“

„Alles dreht sich um Maschinen"
von Robert Crowther. Carlsen Verlag, Hamburg 1989. Mit Zieh-, Klapp- und Kurbelbildern.

„Meister Bär wird Postbote"
von Chizuko Kuratomi / Kozo Kakimoto. Meisinger Verlag, München 1988.

„Die Sara, die zum Cirkus will"
von Gudrun Mebs / Quint Buchholz. Verlag Sauerländer, Aarau und Frankfurt 2. Aufl. 1992.

„Das Tierorchester Quietscheton"
von Hans-Dieter Sumpf. Verlag Herder, Freiburg, Basel, Wien 1990.

„Cordula die Brillenhexe"
von Judith Steinbacher. ars edition, München 1991.

„Alle meine Farben" für jüngere Kinder
von Hans Wilhelm. Carlsen Verlag, Hamburg 2. Aufl. 1991.

Aus der Reihe **„Mitgutsch-Bücherei"** von Ali Mitgutsch, im Sellier Verlag, München:
„Vom Baum zum Tisch", Neuaufl. 1989.
„Von der Kuh zum Schuh", Neuaufl. 1990.
„Vom Holz zum Papier", Neuaufl. 1990.

Aus der Reihe **„Kinderhand-Bücher"** von Ali Mitgutsch, im Sellier Verlag, München:
„Vom Sand zum Glas", 1972.
„Vom Erz zum Löffel", 6. Aufl. 1987.
„Vom Plan zum Haus"
„Vom Maler zum Bilderbuch", 2. Aufl. 1988.
„Vom Zement zur Brücke", 4. Aufl. 1985.

Aus der Reihe: **„Zu meiner Welt gehören"** im Herold Verlag, Fellbach:
„Kleider", 1992.

Aus der Reihe **„Sehen. Staunen. Wissen"** von I. Rowland-Warne / Christina Hartkamp im Gerstenberg Verlag, Hildesheim:
„Kleidung & Mode", 1992.

„Rolf der Semmelbäcker backt heute nicht"
von Waltraut und Friedel Schmidt. Hermann Schroedel Verlag, Hannover 1978.

„Nisse beim Friseur"
von Olf und Lena Landström. Verlag Friedrich Oetinger, Hamburg 1992.

Pappbilderbuch:
„Unsere Handwerker"
von Wolfgang Schleicher / Sabine Springer / Gisela Fisch. Pestalozzi Verlag, Erlangen 1991.

„Die Welt der Berufe"
ein Bilder-Wörterbuch. Franz Schneider Verlag, München 1986.

„Wie ein Haus entsteht"
von Colin und Moira Maclean, pestalozzi-team. Erlangen 7. Aufl. 1991.

„Besuch im Fernsehstudio"
von Ursula Lassert. Esslinger im ÖBV, Esslingen, Wien 1991. Ein Spielbuch mit Ausschneidebogen.

„Auf dem Bahnhof"
von Heike Wiechmann. Esslinger im ÖBV, Esslingen, Wien 1992.
Ein Spielbuch mit Ausschneidebogen.

„Die Heinzelmännchen von Köln"
von August Kopisch / Horst Lemke. C. Bertelsmann Verlag, München 22. Aufl. 1992.

„Beim Milchmann gibt's kein Briefpapier"
von James Krüss / Edith Witt-Hidé. Thienemanns Verlag, Stuttgart 1988.

„Kaum hundert Jahre ist es her"
von Philippe Fix. Otto Maier Verlag, Ravensburg.

„Alles total geheim"
von Kirsten Boie / Silke Brix-Henker. Verlag Friedrich Oetinger, Hamburg 1990.
Wie ein Junge die Arbeitslosigkeit seines Vaters und die damit verbundenen Geldsorgen seiner Familie vor seinem Freund verheimlicht und überspielt.

Weitere Bilderbücher zu Heilberufen siehe Heft 6, Seite 22. Zu landwirtschaftlichen Berufen siehe Heft 8, Seite 18.

Vorlesebücher

„Schnuddelbuddel baut ein Haus"
von Janosch. dtv junior Lesebär, München 9. Aufl. 1992.

„Theobald der Brezelbäcker"
von Eric Carle. dtv junior, München 1985.

Geschichten

Mama will wieder arbeiten

Von der Berufstätigkeit

Peter sitzt im großen Wohnzimmersessel und sagt: „Wie, arbeiten – das versteh' ich nicht!"
Mama und Papa sitzen auf dem Sofa, und Mama läßt einen Seufzer los: „Ach Peter", sagt sie, „stell' dich doch nicht dumm. Sieh mal, bevor du auf die Welt kamst, da hab' ich doch auch gearbeitet. Ich habe einen Beruf gelernt, Sekretärin, und habe in einem Büro gesessen und die meiste Zeit an der Schreibmaschine geschrieben. Mein Chef von früher sucht jetzt eine Halbtagskraft. Das ist für mich die Gelegenheit, wieder ins Geschäft zu kommen. Und du bist jetzt doch schon groß!"
„Die Eltern von Öskül arbeiten den ganzen Tag, beide, deshalb ist Öskül jeden Tag im Kindergarten, morgens und mittags, auch wenn er krank ist. Aber Öskül sagt, sie brauchen das Geld, damit sie bald wieder zurück in die Türkei können – brauchen wir auch das Geld?"
Peter versteht nicht, warum sich auf einmal etwas ändern soll. „Und überhaupt hab' ich keine Lust, immer und den ganzen Tag in den Kindergarten zu gehen!", brummelt er noch hinterher.
Diesmal gibt Papa die Antwort. „Also, hör mal, natürlich brauchen wir das Geld nicht

Anmerkungen
Eigene Ideen
Notizen

so dringend wie dein Öskül im Kindergarten. Aber wenn wir ein bißchen mehr haben, dann schadet es ja schließlich auch nicht, oder? Aber darum geht es nicht. Guck mal, die Mama hat gerne gearbeitet. Sie hat Spaß gehabt in ihrem Beruf. Und als du zur Welt kamst, da hat sie ihn aufgegeben, um für dich da zu sein. Aber jetzt bist du groß – auf jeden Fall groß genug, daß Mama wieder ein paar Stunden am Tag arbeiten kann. Das ist schließlich ihr gutes Recht – oder?"

Peter holt tief Luft. Irgendwie ist ihm das Ganze nicht ganz geheuer. „Und wer ist dann da, wenn ich aus dem Kindergarten heimkomme?" fragt er.

„Das ist das Problem", sagt Mama, „das einzige, soweit ich sehe. Ich würde nur vormittags arbeiten, solange du im Kindergarten oder ab Sommer in der Schule bist. Nur komme ich erst gegen halb ein Uhr heim – für die Zwischenzeit müßten wir eine Lösung finden!"

„Na", sagt Papa, „da wird uns schon etwas einfallen, jetzt weißt du erstmal Bescheid, morgen reden wir weiter!" Er gibt Peter einen Klaps auf die Schultern und fügt hinzu: „Und jetzt ab ins Bett, es ist schon spät!"

Peter sagt Gute Nacht, und Mama bringt ihn bis zum Bett. „Schlaf gut", sagt sie und deckt ihn zu.

Peter kann aber nicht einschlafen. Mama war immer da, solange er denken kann. Immer – am Anfang hat sie ihn noch abgeholt vom Kindergarten, und jetzt ist sie immer zuhause, wenn er heimkommt. Das soll jetzt anders werden?

Peter hat gar keine Lust, daran zu denken. Aber er denkt daran. Es roch immer so gut, wenn er vom Kindergarten heimkam, und er durfte oft mit einem kleinen Löffel vom Essen probieren. „Schmeck mal ab", hat Mama immer gesagt und sich gefreut, daß er wieder da ist. Peter denkt nach. Er denkt an Öskül, der mittags alleine ist und sich das Essen vom Vorabend aufwärmt. Er denkt an Sabine, die bei ihrer Tante die Mittagspause verbringt, weil ihre Eltern beide arbeiten.

„Ich könnte doch zu Jörg!" Peter sitzt kerzengerade im Bett. Das ist die Idee. Jörg ist so etwas wie ein Freund von Peter, nur wohnt er dummerweise am anderen Ende des Ortes, und deshalb sehen sich die beiden nur im Kindergarten. Peter springt aus dem Bett. Er rennt ins Wohnzimmer. Mama und Papa sitzen vor dem Fernseher. Aber Papa macht schnell mit der Fernbedienung aus.

„Aha", denkt Peter, „wieder was, das ich nicht sehen soll." Aber laut sagt er: „Ich weiß jetzt, wo ich hingeh', bis du heimkommst vom Büro – ich geh' zu Jörg!"

„Oha", sagt der Papa, „du bist aber schnell, wer ist denn dieser Jörg?" Da mischt sich die Mama ein. „Er meint Jörg Schneider – die Familie wohnt in der Blücherstraße ganz draußen, nicht gerade der nächste Weg. Ich kenne die Frau Schneider nur vom Sehen, meinst du, die können wir einfach fragen?"

„Klar", nickt Peter, „Jörg ist mein bester Freund!"

Mama fährt sich durch die Haare. „Versuchen können wir es ja mal. Wenn sie bereit ist, die Stunde auf euch beide aufzupassen, wäre das schon eine Lösung."

„Eine prima Lösung", meint Peter und findet es jetzt gar nicht mehr schlimm, daß seine Mama wieder arbeiten will.

Christine Merz

Aus:
Christine Merz,
„Was Kinder bewegt",
Buch: Herbst,
Verlag Herder.

Ich will Pilot werden

Heute gibt es für Martin eine besondere Überraschung. Papa nimmt ihn zur Arbeit mit. Endlich kann er selbst einmal sehen, wo Papa den ganzen Tag über steckt.

Sie betreten ein großes Gebäude mitten in der Stadt. Da gibt es viele lange Gänge und viele Türen. Jede Tür führt in ein Büro. „Baubüros", erklärt Papa. Überall arbeiten Männer und Frauen. Einer von ihnen ist Papa. Viele zeichnen an großen Tischen Häuser auf riesige Papierbogen. „Pläne nennt man das", erfährt Martin. Darauf wird jedes Haus so aufgezeichnet, wie es gebaut werden soll. „Das muß man ganz genau machen, denn schon durch einen winzigen Fehler auf dem Plan kann es passieren, daß das Haus später einstürzt und großes Unglück geschieht."

Aus:
Renate Wunderlich-Bojko, „Martin findet seinen Weg",
Don Bosco Verlag,
München 1982
(vergriffen).

Winter – die Welt ruht sich aus

Gespräche

Ausgang

Bilderbücher

Vorlesebücher

Sachbücher

Berufe

Gespräche

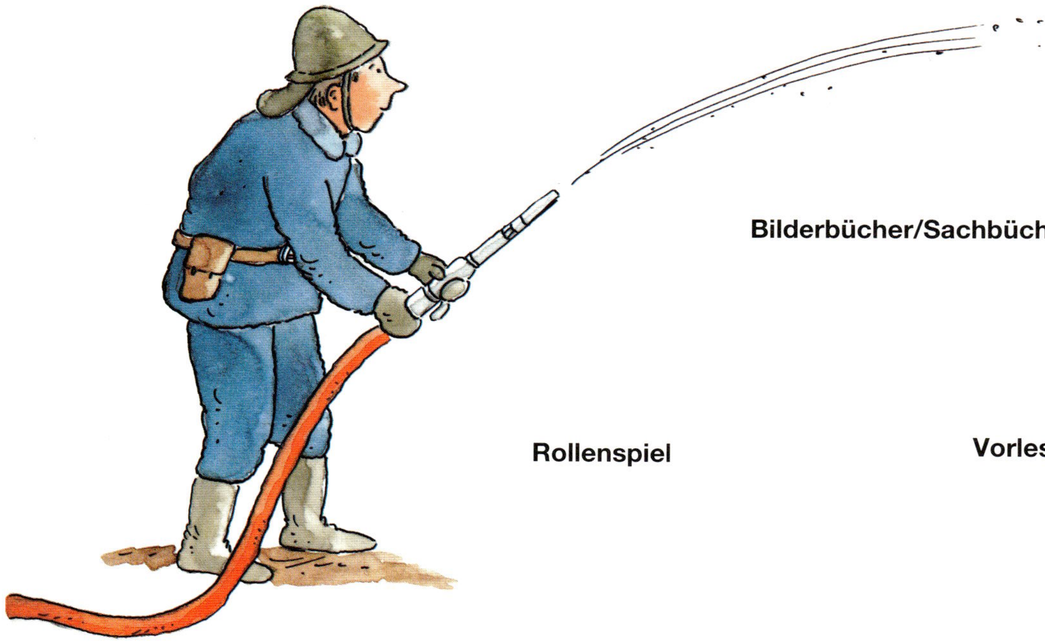

Einladung/Ausgang

Bilderbücher/Sachbücher

Rollenspiel

Vorlesebücher

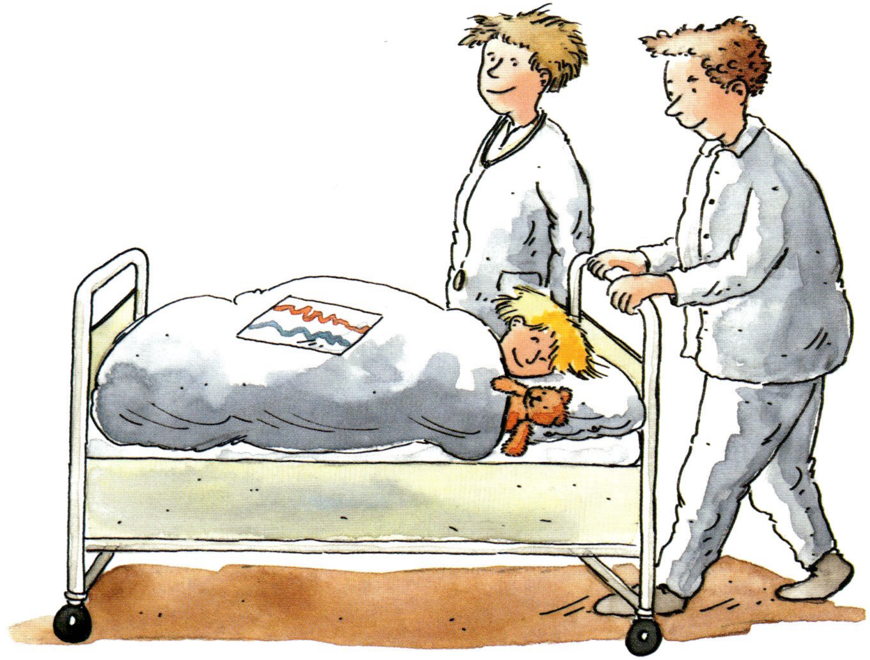

Collage

Zunftschilder

Geschichten

Reime

Zungenbrecher

Miteinander – Füreinander

Gespräche

Einladung/Ausgang

Bilderbücher

Vorlesebücher

Geschichten

Reime

Lieder

Kreisspiel

Manuelles Gestalten

Rhythmik

Religiöse Erziehung

Rätsel

Fingerspiele

Singspiele

Kreisspiele

Lieder

Spiel

Manuelles Gestalten

Religiöse Erziehung

Rätsel

Fingerspiel

Reime

Lieder

Singspiel

Klanggeschichte

Manuelles Gestalten

Spielturnen

Religiöse Erziehung

„Oh", staunt Martin. „Dann hast du ja einen ganz wichtigen Beruf." „Ja", antwortet Vater. „Aber wenn man es genau überlegt, sind alle Berufe wichtig. Stell dir vor, es gäbe keinen Bäcker. Dann hätte mein kleines Schleckermäulchen nichts mehr zu naschen. Aus wäre es mit den Frühstückssemmeln! Oder was sollten wir tun ohne Arzt?" Nun fallen Martin eine Menge Berufe ein. „ Aber der Zahnarzt ist nicht so wichtig", meint er schließlich.
Kannst du dir denken, warum er das sagt?
An diesem Abend überlegt Martin, was er wohl einmal werden will. Alle fünf Minuten fällt ihm ein noch interessanterer Beruf ein. Aber plötzlich ruft er aufgeregt: „Mutti, Mutti, jetzt weiß ich es! Ich werde Pilot in einem Düsenjäger!" Papa lacht. „Ein schöner Beruf. Da mußt du aber sehr tüchtig sein. Wer weiß, vielleicht wirst du eines Tages wirklich Pilot, wenn Gott dir hilft."
„Was soll mir der liebe Gott dabei helfen?" fragt Martin erstaunt. „Er kann sich doch nicht zu mir ins Flugzeug setzen." „Nein, das natürlich nicht. Aber Gott muß dir Gesundheit geben und Kraft. Ein Pilot muß eine Menge aushalten können, hast du das gewußt? Er darf nicht ängstlich sein oder nervös. Nichts darf ihn aus der Ruhe bringen, wenn er ein Flugzeug voller Leute durch die Luft steuert. Die kleinste Unaufmerksamkeit könnte schon zu einem Unglück führen. Aber bis man so einen großen Vogel steuern darf, ist es ein sehr langer Weg. Wieviel Geduld muß man haben, um alles genau zu lernen, was man als Pilot können muß. Du siehst, es gibt schon eine ganze Menge, wobei du Gottes Hilfe brauchst. Darum sollte man auch nie vergessen, immer wieder und ganz, ganz fest um diese Hilfe zu bitten."
Vor dem Schlafengehen baut Martin in seinem Zimmer ein Flugzeug aus Schachteln und Sesseln. Sehr hübsch sieht das aus. Vorne sitzt er selbst als Pilot, dahinter der Teddy und auf dem Rücksitz der Kasperl. Das sind die Passagiere. Plötzlich brummt der Teddybär: „Wenn Martin später in einem richtigen Flugzeug auch so herumwackelt, fliege ich auf keinen Fall mit. Mir ist jetzt schon ganz schlecht." Der Kasperl aber kichert: „Mir macht das Schaukeln gar nichts aus. Ich fliege mit, wohin die Reise auch geht!"
Martin hat von diesem Gespräch natürlich kein Wort gehört. Diese Sprache verstehen nur Puppen und Spieltiere.

Renate Wunderlich-Bojko

Reime

Zieh, zieh, zieh,
den Faden übers Knie.
Die Sohlen werden aufgenäht,
der ganze Schuh wird umgedreht,
der Absatz wird genagelt drauf,
der Schuh ist fertig zum Verkauf.
Nun putzen wir ihn blitzeblank,
mein lieber Schuster, habe Dank!

*

Schmied, Schmied, Schmied,
nimm dein Hämmerchen mit.
Wenn du willst ein Pferd beschlagen,
mußt den Hammer bei dir tragen.
Schmied, Schmied, Schmied,
nimm dein Hämmerchen mit.

*

Zisch, zisch, zisch,
der Tischler hobelt den Tisch.
Tischler, hoble ihn schön glatt,
daß er keinen Buckel hat.
Zisch, zisch, zisch,
der Tischler hobelt den Tisch.

*

Schnipp, schnapp, Schneider,
mach mir schöne Kleider.
Der Gretel eins aus Seiden,
das wird sie prächtig kleiden.
Mir ein Kleid mit Spitzen dran,
das zieh' ich nächsten Sonntag an.

*

Der Schneider macht Kleider,
der Schuster macht Schuh',
der Tischler macht Tische
und Sessel dazu.

Der Schlosser die Schlüssel,
der Hutmacher Hüt',
der Töpfer die Schüssel
und Nägel der Schmied.

Der Bäcker backt Kuchen
mit Nuß und mit Mohn,
und Kinder, die essen
so gerne davon.

Zungenbrecher

Schneiderscheren schneiden
scharf, scharf schneiden
Schneiderscheren

*

Schnall schön schnell die
Schnallen an die
Schnallenschuhe!

Rätsel

Es kommt ein schwarzer Mann ins Haus
mit Besen und mit Leiter.
Er fegt den Ruß im Schornstein aus
und eilt zum Nachbarn weiter.
Wie nennt man diesen schwarzen Mann,
weil er den Schornstein fegen kann?
(Schornsteinfeger)

*

Schwarz vom Scheitel bis zur Sohle,
schwarz bin ich wie Ruß und Kohle.
(Schornsteinfeger)

*

Ein Bote geht von Haus zu Haus,
trägt täglich viele Briefe aus.
Er war bestimmt auch schon bei dir
und wie er heißt - nun sag es mir.
(Briefträger) *Renate Lüber*

*

Welcher Hahn kräht nicht?
(Wasserhahn)

*

Mein liebes Kindlein, sage mir,
was ist das für ein wildes Tier;
es hat kein Maul und kann doch beißen,
hat scharfe Zähne, hart wie Eisen,
es reißt und beißet kurz und klein
sogar das Holz. Was mag das sein?
(Säge) *Christian Diffenbach*

*

Es ist kein Baum und hat doch Blätter.
Es ist kein Sack und wird doch gebunden.
Es ist kein Mensch und erzählt uns doch.
(Buch)

Ich weiß ein Paar,
das ist aus Leder,
an den Füßen trägt's ein jeder.
(Schuhe)

*

Wenn du sie abgelaufen hast,
bringst du sie zu ihm hin.
Er macht sie wieder fast wie neu,
und mit den Füßen stehst du drin.
(Schuster) *Renate Lüber*

*

Tapetenrollen und Kleister,
oftmals ist er Meister.
Mit Leiter und Pinsel
kannst du ihn sehn,
er macht die Häuser wieder schön.
(Maler) *Renate Lüber*

Fingerspiele

Der Tischler

Zisch, zisch, zisch,
der Tischler hobelt den Tisch.
Tischler, hoble den Tisch mir glatt,
daß er keine Löcher hat.
Zisch, zisch, zisch,
Tischler, hoble den Tisch.

Lang, lang, lang,
Tischler, hoble die Bank.
Tischler, hoble sie recht blank,
daß daran kein Span mehr hang'.
Lang, lang, lang,
Tischler, hoble die Bank.

Friedrich Fröbel

Scherenschleifen

Scherenschleifen, Scherenschleifen
ist die beste Kunst.
Die rechte Hand, die linke Hand,
die geb' ich dir als Unterpfand.
Da hast sie, da nimm sie,
da hast sie alle beide.

Anmerkungen
Eigene Ideen
Notizen

Lieder

Das Lied von den Farben

Volksgut

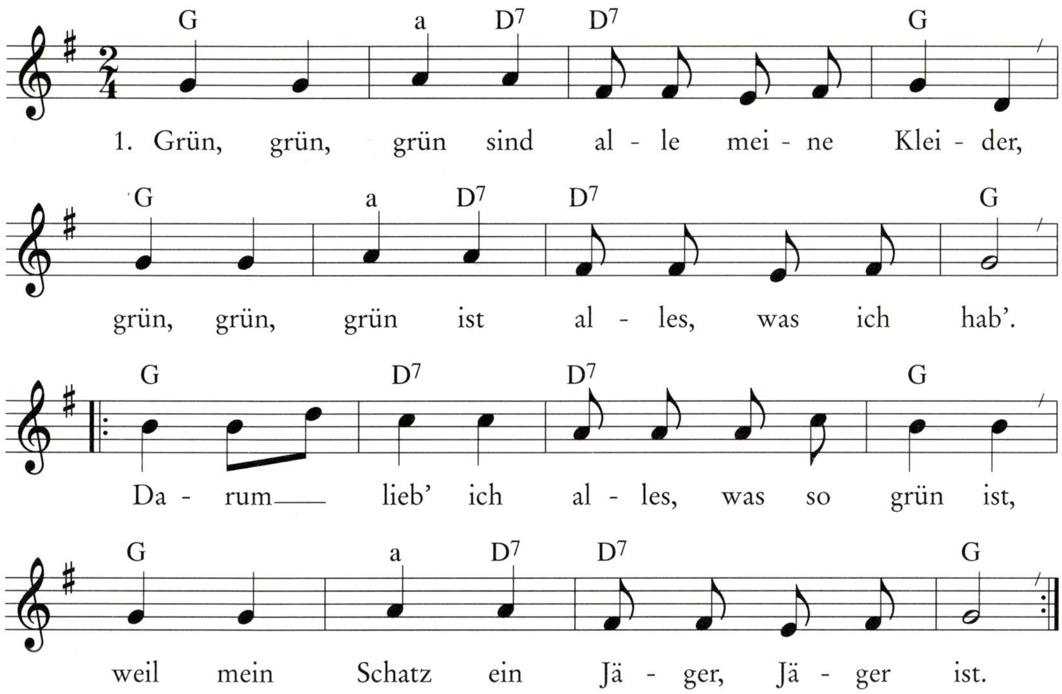

2. Blau, blau, blau sind alle meine Kleider,
   Blau, blau, blau ist alles, was ich hab'.
   Darum lieb' ich alles, was so blau ist,
   weil mein Schatz ein Seemann ist.

3. Weiß, weiß, weiß sind alle meine Kleider,
   Weiß, weiß, weiß ist alles, was ich hab'.
   Darum lieb' ich alles, was so weiß ist,
   weil mein Schatz ein Bäcker ist.

4. Schwarz, schwarz, schwarz sind alle meine Kleider,
   Schwarz, schwarz, schwarz ist alles, was ich hab'.
   Darum lieb' ich alles, was so schwarz ist,
   weil mein Schatz ein Schornsteinfeger ist.

5. Rot, rot, rot sind alle meine Kleider,
   Rot, rot, rot ist alles, was ich hab'.
   Darum lieb' ich alles, was so rot ist,
   weil mein Schatz ein Reiter ist.

6. Bunt, bunt, bunt sind alle meine Kleider,
   Bunt, bunt, bunt ist alles, was ich hab'.
   Darum lieb' ich alles, was so bunt ist,
   weil mein Schatz ein Maler ist.

Anmerkungen
Eigene Ideen
Notizen

Das Lied von der Fabrik

Text und Melodie: Heinz Engl

Liedbegleitung: Das Hämmern der Maschinen läßt sich gut mit Orffinstrumenten wie Holzblocktrommel, Röhrenholztrommel, Klanghölzer … begleiten.

Das Lied von der Feuerwehr

Text: Wilhelm Twittenhoff / Melodie: Diethard Wucher

Aus: Musikalische Früherziehung, Musikfibel 2 (BE 1012), Gustav Bosse Verlag, Kassel.

2. Tatü, tatü, die Straße frei!
Es brennt in unsrer Bäckerei!
Aus allen Fenstern kommt der Rauch,
die Männer spritzen mit dem Schlauch.
So löscht die Feuerwehr!

Liedbegleitung: Das Martinshorn läßt sich durch den Wechsel der Töne a' und d" auf dem Metallophon oder Klangbausteinen spielen.

Fleißige Handwerker

Volksgut

2. Seht wie fein, seht wie fein,
der Glaser setzt die Scheiben ein.

3. Strich strich strich, strich strich strich,
der Maler malt die Wände frisch.

4. Schrumm schrumm schrumm, schrumm schrumm schrumm
der Schlosser dreht den Schlüssel um.

5. Tief hinein, tief hinein,
der Schornstein wird bald sauber sein.

6. Zisch zisch zisch, zisch zisch zisch,
der Tischler hobelt glatt den Tisch.

7. Rühret fein, rühret fein,
der Bäcker rührt den Kuchen ein.

8. Poch poch poch, poch poch poch,
der Schuster flickt im Schuh das Loch.

9. Stich stich stich, stich stich stich,
der Schneider näht ein Kleid für dich.

10. Hopp hopp hopp, hopp hopp hopp,
jetzt tanzen alle im Galopp.

Anmerkungen
Eigene Ideen
Notizen

Hej, hej, grade so

Text: Margarete Jehn / Melodie: Trad. USA

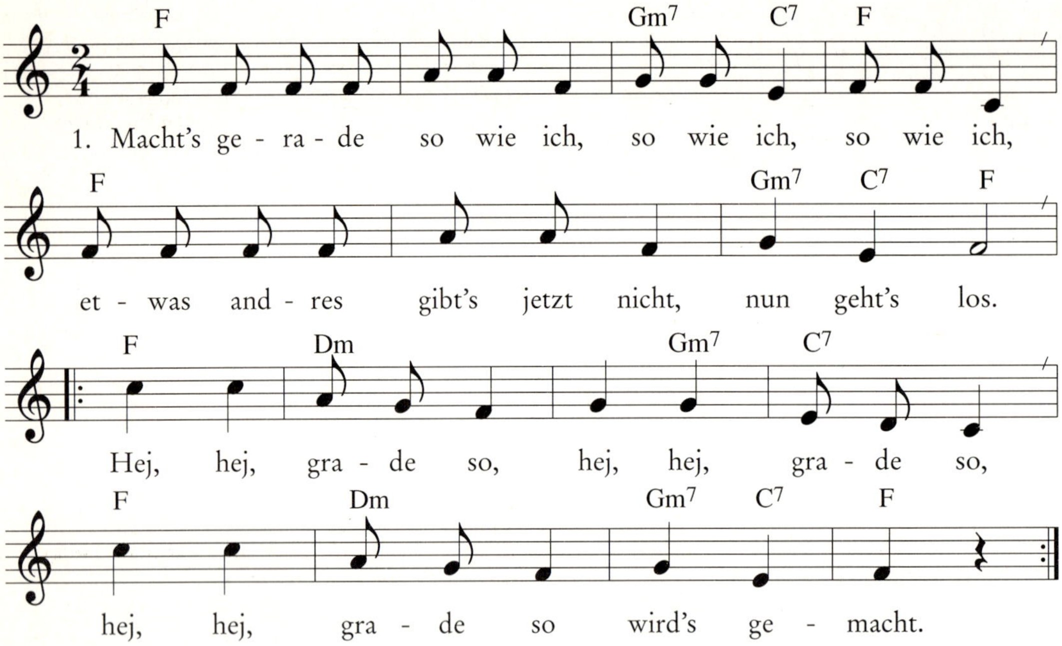

2. Fensterputzer Immelmann,
   Immelmann,
   Immelmann
   schnallt sich erstmal richtig an,
   nun geht's los –
   Hej, hej, grade so …

3. An der Kasse die Frau Klein,
   die Frau Klein,
   die Frau Klein
   greift in meine Körbe rein,
   nun geht's los –
   Hej, hej, grade so …

4. Autoschlosser Süßenrath,
   Süßenrath,
   Süßenrath
   guckt mal, was mein Auto hat,
   nun geht's los –
   Hej, hej, grade so …

5. Fräulein Roth bei Wäsche-Spratt,
   Wäsche-Spratt,
   Wäsche-Spratt
   bügelt alle Falten glatt,
   nun geht's los –
   Hej, hej, grade so …

6. Kurt lernt mauern Stein auf Stein,
   Stein auf Stein,
   Stein auf Stein,
   bald soll das Haus fertig sein,
   nun geht's los –
   Hej, hej, grade so …

So wird gespielt:
Die Kinder bilden einen Kreis.
Ein Kind in der Kreismitte ist der Vorsänger.
Bei der Wiederholung von „Hej, hej, grade so …" singen alle mit und ahmen die Bewegungen des Vorsängers nach.
In der 1. Strophe erfindet der Vorsänger Bewegungen.
In den anderen Strophen zeigt er die für die einzelnen Berufe typischen Bewegungen.
Es können auch verschiedene Vorsänger sein.
Weitere Strophen – mit anderen Berufen – können erfunden werden.

Anmerkungen
Eigene Ideen
Notizen

Heute muß ich Häuser bauen

Text: Lore Kleikamp/Musik: Detlev Jöcker

2. Wände streichen
3. Bretter sägen
4. Bilder malen
5. Strümpfe stricken
6. Briefe schreiben
7. Äpfel pflücken

So wird gespielt:
Die Kinder führen die verschiedenen Tätigkeiten mit lockeren und geschmeidigen Bewegungen aus. Bei: „Da kommt . . .“ bewegen sie sich eckig und ruckartig. Dadurch wird in jeder Strophe der Gegensatz zwischen zwei verschiedenen Bewegungsarten deutlich.

Kreisspiele

Wenn ich morgens früh aufstehe

Volksgut

2. Schwarz ist mein Gesicht wie Kohle,
von dem Scheitel bis zur Sohle,
doch mein Herz ist frisch und frei
bei der Schornsteinfegerei.

3. Steig’ ich dann auf meine Leiter,
immer höher, immer weiter,
fall’ ich in ein tiefes Loch,
lieber …, hilf mir doch.

So wird gespielt:
Die Kinder stehen im Kreis. Ein Kind, der Schornsteinfeger, läuft im Kreis herum und stellt das Gesungene dar. Das Kind, das um Hilfe gerufen wird, darf dann den Schornsteinfeger spielen.

Anmerkungen
Eigene Ideen
Notizen

Klingelingeling, die Post ist da

Volksgut

So wird gespielt:
Ein Kind geht im Kreis oder im Raum herum. Bei „du kommst mit" nimmt es ein Kind an der Hand und das Spiel geht weiter. Es kann so lange fortgesetzt werden, bis sich alle Kinder in der „Schlange" befinden. Um diese wieder aufzulösen, kann man singen „Die Reise geht ...", wobei immer das letzte Kind der „Schlange" beim Namen genannt wird und sich dann von ihr löst.

Spiel

Berufe raten
Ein Kind (oder zunächst die Erzieherin) stellt pantomimisch die typische Tätigkeit oder Verhaltensweise für einen Beruf dar:
Z. B. Nähen mit der Nadel – Schneider
Lenkrad bewegen und schalten – Busfahrer
Die anderen Kinder sollen herausfinden, was es für eine Tätigkeit ist und wie der Beruf heißt.
Können sie es nicht erraten, so dürfen sie Fragen stellen: Z. B. welches Handwerkszeug brauchst du?

Anmerkungen
Eigene Ideen
Notizen

Manuelles Gestalten

Malen

Berufe
Mit Wachsfarben oder Buntstiften malen wir Bilder, auf denen Berufe dargestellt werden.

Basteln

Fahrzeuge
Wir basteln Fahrzeuge einzelner Berufsgruppen.
So z.B. Polizei-, Feuerwehr-, Post- oder Müllautos; Kranken- oder Lastwagen; Bus . . .
Material: Schachteln in verschiedenen Größen, Küchenrollen, Pappscheiben für die Räder, Musterbeutelklammern zum Befestigen der Räder, Wasserfarben und Buntpapier zum Bemalen und Bekleben der Fahrzeuge.

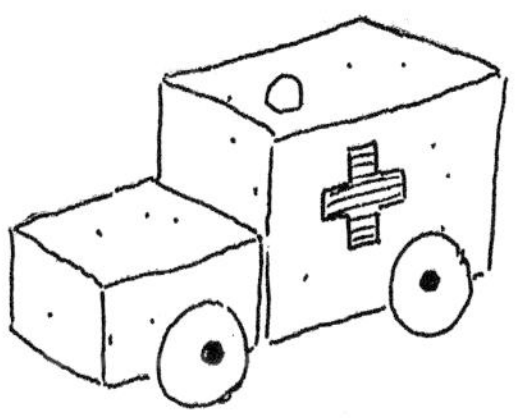

Figuren
Aus überwiegend kostenlosem Material basteln wir die dazugehörenden Polizisten, Feuerwehrmänner, Postboten . . .
Ebenso Köche, Gärtner, Schornsteinfeger...
Material: Papprollen für die Körper; Pappmaché oder geknüllte, mit Strumpfhosen oder Stoff überzogene Zeitungen für die Köpfe; Tapetenreste, Tonoder Kreppapier für die Hüte; Buntpapier, Leder-, Stoff-, Fell- oder Wollreste für die Haare, die Kleidung und die Utensilien.

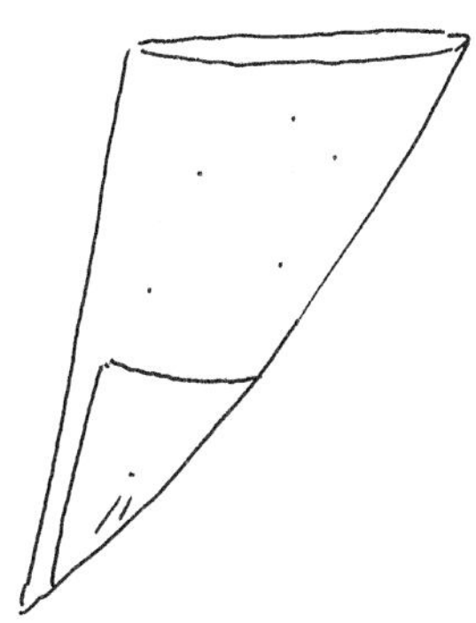

Falten

Tüten
Aus Quadraten falten und kleben wir Papiertüten zum Einkaufen-Spielen.

Werken

Fadenbilder
Auf einem Holzbrett schlagen wir Nägel ein und verbinden diese mit Fäden. Die Anordnung der Nägel sowie den Weg des Fadens kann jedes Kind für sich bestimmen.

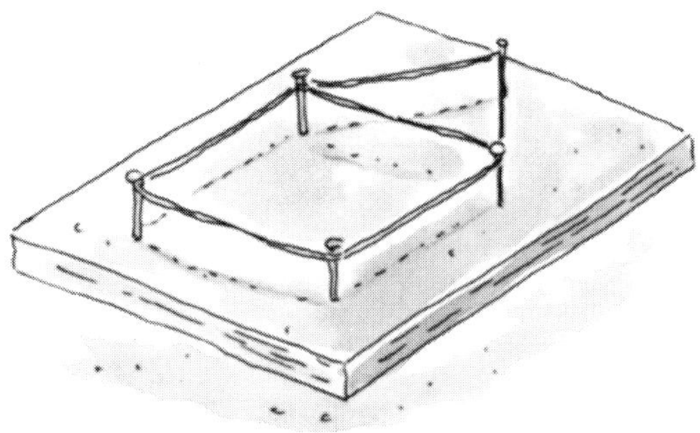

Fahrzeuge
Mit Holzabfällen aus der Schreinerei (Klötzen, Scheiben, Platten) werken wir Fahrzeuge. Dabei wird gesägt, geschmirgelt, genagelt, geleimt usw.
Hier ist es wichtig, Anleitung und Hilfestellung im Umgang mit dem Material und den Werkzeugen zu geben.

Religiöse Erziehung

Biblische Geschichte

Der Fischzug des Petrus

Lk 5,1–11

Jesus war am See, am Ufer. Da kamen die Menschen zu ihm. Er sollte ihnen von Gott erzählen. Und Jesus tat es. Sie drängten heran. Sie wollten ihn hören. Es waren so viele. Da war kein Platz mehr, so drängten sie.
Und es geschah, als Jesus da stand, da sah er zwei Schiffe liegen. Sie waren ans Ufer herangezogen. Es waren zwei Fischerboote. Die Fischer waren ausgestiegen. Sie reinigten ihre Netze. Sie waren draußen gewesen bei Nacht auf dem See und hatten gefischt. Sie hatten die Netze ausgeworfen. Doch gefangen hatten sie nichts. Jetzt waren sie längst zurückgekehrt und dabei, ihre Netze zu waschen. Sie wollten am Abend ja wieder hinaus zu neuem Fang auf den See. Und Jesus sah die Boote da liegen. Die Menschen drängten so. Da ging er zum Ufer, hinab zu den Booten und stieg in eines hinein. Das Boot gehörte dem Fischer Simon. Und Jesus sagte zu ihm: Simon, fahr mich ein wenig

hinaus, ein Stück vom Ufer ab. Und der Fischer Simon tat das gleich. Er ließ seine Arbeit liegen. Er ruderte Jesus ein Stück hinaus, ein wenig vom Ufer ab.
Nun war da Platz vor all den Menschen. Und Jesus setzte sich hin. Er sprach vom See zu den Menschen am Land und erzählte ihnen von Gott: Der Herr ist nahe. Hört nur und seht. Gott kommt zu euch. Er ist da. – Und sie hörten ihm zu, auch die Fischer am Land, auch der Fischer Simon im Boot.
Und als er aufgehört hatte zu reden, da sah er den Simon an: Fahre hinaus mit den anderen Fischern. Fahr auf den See, wo es tief ist. Und dort werft eure Netze aus, hinab ins Wasser. Ihr sollt einen Fang tun.
Das geht nicht, dachte Simon gleich. Am Tag fährt da keiner hinaus. Tagsüber sind da keine Fische, schon gar nicht im Tiefen. Das weiß ich genau. Nachts, wenn es dunkel ist, kommen die Fische. Da haben wir manchmal Glück. – Doch warum sagt er das, warum? Am Tag ist doch alles umsonst. Da sprach er zu Jesus: Wir waren doch draußen die ganze Nacht hindurch. Meister, wir haben uns abgemüht: Kein Fisch im Netz, umsonst. Selbst in der Nacht kein Fisch im Netz. Und nun am Tage? Warum?
Aber doch, du sagst es. – Ich will es tun. Du sagst es. Wir fahren hinaus. Ich werfe das Netz, Herr, auf dein Wort. Du sagst es. Wir fahren hinaus.
Und sie fuhren hinaus – auch das andere Boot –, weit auf den See, wo es tief war. Und sie warfen ihre Netze aus. Sie ließen die Netze hinab.
Und da sie das taten, da fingen sie, siehe, da fingen sie Fische, eine große Menge, die Netze voll. Die Netze wurden schwer: Fische, Fische waren darin. Ja, die Netze wollten zerreißen.
Da riefen sie das andere Boot und winkten den andern: Kommt her. Johannes, Jakobus, kommt her zu uns. Wir haben so viele Fische. Kommt, helft uns, die Netze wollen reißen. Faßt an und helft uns ziehen.
Da kamen die andern und faßten mit an. Sie zogen die Netze herauf. Sie füllten beide Boote voll. Die Netze wollten zerreißen. Die Boote wollten untergehen, so voll waren sie von Fischen.
Als das aber Simon Petrus sah, da war er zu Tode erschrocken: O Herr, mein Gott, das kommt von dir. Mein Gott – mein Herr und Gott. Mein Gott, was bin ich? Was bin ich vor dir? Da fiel er Jesus zu Füßen: Herr, du mein Gott, geh weg von mir. Weh mir, ich bin ein Sünder.
Doch Jesus sprach: Nein, Petrus, nein. Ich gehe nicht weg. Ich bleibe. Fürchte dich nicht. Ich bleibe bei dir. Du aber bleibst bei mir. Folge mir nach. Laß deine Netze. Ich habe ein anderes Netz. Das ist mein Wort. Das sollst du verkünden. Du sollst mein Netz auswerfen.
Und gleich tat Petrus, was Jesus ihm sagte. – Sie brachten die Boote ans Land, Simon Petrus und die anderen Fischer. Sie ließen alles liegen: die Boote, die Netze und ihre Arbeit. Sie verließen alles und folgten ihm nach.
Und Petrus dachte: Auf dein Wort. – Ich will dein Netz auswerfen. *D. Steinwede*

Aus: „Zu erzählen deine Herrlichkeit“, Biblische Geschichten für Schule, Haus und Kindergottesdienst, Verlag Vandenhoeck und Ruprecht, Göttingen, und J. Pfeiffer Verlag, München.

Gebet

Vater im Himmel,
viele gesunde Menschen
arbeiten und helfen,
daß wir zu essen und zu trinken haben.
Wir danken dafür
und wollen allen Kranken
davon mitgeben.

Anmerkungen
Eigene Ideen
Notizen

Winter – die Welt ruht sich aus

Information

Der Winter ist mit seinen 89 Kalendertagen die kälteste Zeit im Jahreslauf. Die Tage sind kurz und die Nächte lang.

- Die Natur ist kahl, hat sich zurückgezogen, ruht sich aus, bereitet sich auf das Frühjahr vor.
- Abgesehen von den wenigen Winterblühern wie Christrose, Echter Jasmin und Schneeglöckchen wachsen keine Blumen. Alles schlummert in der Erde, in Wurzeln, Zwiebeln und Samen.
- Die meisten Bäume und Sträucher sind leergefegt. Sie haben ihre Blätter – dazu zählen auch die Nadeln – abgeworfen. Der Saft hat sich in die Äste und den Stamm zurückgezogen. Dort ruht er bis zum Frühjahr, bis zum Aufbrechen der Knospen.
  Nur die immergrünen Pflanzen behalten auch in der kalten Jahreszeit ihr Grün. Zu ihnen zählen die meisten Nadelhölzer, das Efeu, der Buchsbaum, die Stechpalme und die Mistel.
- Die Luft ist kalt. Nebel verschleiert das Land. Rauhreif setzt sich überall nieder. Die Gewässer frieren zu. Die Wolken sind nicht mehr voller Wassertröpfchen, sondern voller Eiskristalle. Es schneit. Wie ein großes Bettuch breitet sich der Schnee über der Landschaft aus. Der Schnee ist zwar kalt, aber er deckt zu und schützt alles, was unter ihm zu schlafen scheint, sich ausruht, vor dem Frost.
  Während dieser Zeit können sich die Böden regenerieren, um im Frühjahr mit neuer Kraft Pflanzen in großer Vielfalt sprießen zu lassen.
- Viele Tiere haben es im Winter schwer. Für sie bedeutet der Winter auch Auslese. Nur gesunde und kräftige Tiere werden überleben.
- Die Tiere müssen sich der für sie ungünstigen Zeit, den veränderten Lebenssituationen anpassen. Einigen wächst ein Winterfell. Wie beispielsweise der Katze, dem Fuchs, dem Eichhörnchen, dem Reh, dem Hirsch, dem Wiesel, dem Iltis ...
- Eine Möglichkeit für einige Säugetiere, die Wintermonate zu überstehen, ist der Winterschlaf, eine Schutzanpassung an die nahrungsarme Zeit.
  Während des Winterschlafs befinden sie sich in einem oft monatelangen lethargischen Ruhestand. Dabei sinkt die Körpertemperatur auf wenige Grad über Null ab. Herztätigkeit und Atmung sind verlangsamt. Lebenswichtige Reflexe funktionieren jedoch auch in diesem Zustand einwandfrei. In dieser Zeit verbrauchen die Tiere ihre Fettreserven.
  Von Zeit zu Zeit unterbrechen manche ihren Winterschlaf, um Nahrung aufzunehmen und Kot und Harn abzugeben. Tiere, die Winterschlaf halten, sind beispielsweise das Murmeltier, der Hamster, die Fledermaus und der Igel.
  Das Murmeltier und der Hamster verschlafen den Winter in ihren gegrabenen Erdbauten, die Fledermaus in Felsen und Baumhöhlen und der Igel in seinem aus Moos und Blättern gebauten Nest.
- Andere Säugetiere, wie z.B. der Dachs, der Braunbär und das Eichhörnchen halten Winterruhe. Hierbei sinkt die Körpertemperatur nicht ab. Auch sie wachen gelegentlich auf und suchen nach Nahrung.
  Der Dachs ruht in seinem tief in die Erde gegrabenen Dachsbau, dem Kessel; der Bär in einer Höhle und das Eichhörnchen in einer Baumhöhle.

Anmerkungen
Eigene Ideen
Notizen

- Wieder andere Tiere überstehen die kalte Jahreszeit in Winterstarre. Bei tiefen Temperaturen fallen sie in eine völlige Kältestarre, da die Körpertemperatur mit der Außentemperatur stark absinkt. Sie haben ein natürliches „Frostschutzmittel" im Blut und suchen sich vor Einbruch der Kälte ein frostsicheres Versteck. Gänzlich bewegungslos verbringen die Reptilien, Amphibien und Wirbellose den Winter.
  Zu den Reptilien gehören u. a. die Echse und die Schlange; zu den Amphibien u. a. der Frosch, die Kröte, die Unke, der Molch und der Salamander; zu den Wirbellosen u. a. der Käfer, der Krebs, der Wurm und die Schnecke.
  Auf diese Weise überstehen die Reptilien den Winter in Erdlöchern, im Wurzelwerk, unter Steinen; die Amphibien im Schlamm und die Wirbellosen unter Blättern und Baumrinden. Die Schnecken verschließen ihr Haus mit einem Kalkdeckel, dem sogenannten Winterdeckel.
  Die meisten Schmetterlinge überwintern als Raupe oder Puppe im Erdboden oder hinter Baumrinden. Nur wenige überwintern als Falter wie z. B. das Tagpfauenauge oder der Kleine Fuchs. Sie suchen Unterschlupf in Schuppen oder auf Dachböden. Der Zitronenfalter übersteht sogar Frost. Er ist einer der ersten Frühlingsboten, die uns zeigen, daß der Winter, die Zeit der Ruhe, dem Ende zugeht.

- Auch der Mensch unterliegt dem Rhythmus der Natur.
  Im Nahrungsangebot kennt man jedoch bei uns kaum noch einen Unterschied zwischen den einzelnen Jahreszeiten, da durch Haltbarmachung und Import fast immer alles erhältlich ist. Wer sich jedoch bewußt ernährt und sich überwiegend an heimische Lebensmittel hält, merkt, daß das Angebot im Winter doch wesentlich geringer ist.
  In der Arbeitswelt wird dieser Rhythmus, mit der Natur zu leben, bedingt durch die Erfordernisse der heutigen Zeit oft unterdrückt.
  Ein Leben mit der Natur findet man noch ansatzweise in der Landwirtschaft. Hier arbeitet der Bauer im Frühling, im Sommer und im Herbst, wenn erforderlich von Sonnenaufgang bis Sonnenuntergang auf den Feldern. Im Winter jedoch, wenn keine Feldbestellung möglich bzw. nötig ist, beschränkt sich seine Arbeit auf die Haustierversorgung und auf Instandsetzungsarbeiten an Maschinen und Geräten. Viele Bauern verdienen sich im Winter auch noch etwas dazu, z.B. Kuckucksuhrenherstellung im Schwarzwald.
  Mit dem Jahresrhythmus lebt man ebenfalls noch in wetterabhängigen und saisonbedingten Berufen wie z.B. der Maurer oder das Hotelpersonal in typischen Sommer- bzw. Winterurlaubsgebieten.

Gespräche

Wir unterhalten uns über die Natur.

- Wie sie sich verändert hat: Auf den Wiesen blühen keine Blumen; die Bäume tragen kein Laub mehr, weil sich der Saft aus den Blättern in die Äste und den Stamm zurückgezogen hat . . .

- Was anders ist: Die Natur erscheint uns kahl; es ist kalt. Die Tage sind kurz; die Sonne geht spät auf, steht selbst mittags nicht hoch am Himmel und geht abends früh unter. Es gibt Nebel, Rauhreif, Schnee und Eis. Keine Insekten fliegen und krabbeln herum; viele Tiere haben sich zurückgezogen, halten Winterschlaf, Winterruhe oder verbringen die kalte Zeit in Winterstarre . . .

- Warum es so ist: Wenn die Bäume auch im Winter ihre großen Blätter hätten, würden sie erfrieren und unter der Schneelast zusammenbrechen. Viele Tiere würden nicht genug Nahrung finden und müßten Hunger leiden . . .

- Auch wir sind im Winter viel mehr im Haus als zu den anderen Jahreszeiten. Im Sommer spielen und lärmen die Kinder bis fast in die Nacht hinein im Freien. Im Winter hingegen liegen sie um dieselbe Zeit schon längst in ihren Betten und schlafen.

Weiteres zum Thema Winter siehe in Heft 2, Seite 20 und 33; in Heft 7, Seite 3.

Anmerkungen
Eigene Ideen
Notizen

Ausgang

Hinaus soll man zu jeder Jahreszeit; so auch im Winter. Wir müssen uns dazu nur richtig kleiden, damit wir nicht frieren.

- Wir unternehmen Spaziergänge und sehen uns die veränderte Natur an.
- Wenn möglich bauen wir uns einen Schneemann.

Weitere Spiele im Schnee siehe Heft 2, Seite 33.

Bilderbücher

„Mein Schneemann"
von Raymond Briggs. Bertelsmann Verlag, München 1978.

„Der Schneemann, der verreisen wollte"
von Peter Lustig / Sophie Brandes / Rosemarie Detzner. Wolfgang Mann-Verlag, Berlin 1988.

„Lieber Schneemann wohin willst du?"
von Marie Scheidl / Józef Wilkoń. Nord-Süd Verlag, Gossau Zürich und Hamburg 3. Aufl. 1990.

„Lena und der Schneemann"
von Coby Hol. Nord-Süd Verlag, Gossau Zürich und Hamburg 1989.

„Bilder vom Winter"
Favorit Verlag, Rastatt.

„Jan und Julia in den Bergen"
von Margret Rettich. Verlag Friedrich Oetinger, Hamburg 1992.

„Der erste Schnee"
von Friedrich Güll / Friedel Schmidt. Lappan Verlag, Oldenburg 1989.

„Die Schneekatze"
von Erwin Moser. Beltz Verlag, Weinheim und Basel 1992.

„Peter und Hansi"
von Stepan Zavrel. Dr. Hans Peters Verlag, Hanau 1987.

„Die Bärenhöhle"
von Regine Schindler / Sita Jucker. bohem press, Zürich 2. Aufl. 1988.

„Frosch im Winter"
von Max Velthuijs. Lentz Verlag, München 1992.

„Im Winterland"
von Michèle Lemieux / Eveline Hasler. Otto Maier Verlag, Ravensburg 1984.

„Mach die Tür auf, Jonathan"
von Nick Butterworth. Coppenrath Verlag, Münster.

„Im Traum kann ich fliegen"
von Eveline Hasler / Käthi Bhend. Otto Maier Verlag, Ravensburg 1988.

„Vierzehn Mäuse im tiefen Winter"
von Kazuo Iwamura. Meisinger Verlag, München 1988.

„Die siebte Nuß"
von Geneviève Petit / Joelle Boucher. Speer Verlag, Zürich 1991.

„Sara und der goldene Weizen"
von Meryl Doney / William Geldart. Brunnen Verlag, Gießen 4. Aufl. 1992.

„Der grosse Schnee"
von Aloise Carigiet / Selina Chönz. Orell Füssli Verlag, Zürich 1971.

„Wo die Zeit wohnt"
von Vladimir Skutina / Marie-José Sacré. bohem press, Zürich 1985.

„Pony, Bär und Schneegestöber"
von Sigrid Heuck. Thienemanns Verlag, Stuttgart 1988.

„Tomte und der Fuchs"
von Astrid Lindgren / Harald Wiberg. Verlag Friedrich Oetinger, Hamburg.

Weitere Bilderbücher siehe Heft 2, Seite 21 und 34.

Vorlesebücher

„Der Rabe im Schnee"
von Erwin Moser. Beltz Verlag, Weinheim und Basel 9. Aufl. 1991.

„Wann kommt der Buntspecht?
von Hanne Kulessa / Ursula Kirchberg. dtv Junior Lesebär, München 1990.

„Kommst du mit, Kolja?
von Barbara Bartos-Höppner / Annegret Fuchshuber. dtv Junior Lesebär, München 2. Aufl. 1991.

Sachbücher

„Der Winter ist kalt"
von Pieter Kunstreich / Ernst A. Ekker / Ingeborg H. Tschinkel. Jugend & Volk Schulbuchverlag, Wien 1979.

„Komm mit nach Blumental im Winter"
von Peter Schössow / Friedel Hofbauer / Ingeborg H. Tschinkel. Jugend & Volk Schulbuchverlag, Wien 4. Aufl. 1988.

Anmerkungen
Eigene Ideen
Notizen

Aus der Reihe **„Meyers kleine Kinderbibliothek“** im Meyers Lexikonverlag, Mannheim, Leipzig, Wien, Zürich:
„Das Wetter“
von Pascale de Bourgoing / Sophie Kniffke, 1991.
„Unter der Erde“
von Pascale de Bourgoing / Danièle Bour, 1991.

Aus der Reihe **„Die vier Jahreszeiten“** im Dr. Hans Peters Verlag, Hanau:
„Winter“

Aus der Reihe **„Die Welt entdecken“** im Otto Maier Verlag Ravensburg:
„Wie leben die Tiere im Winter“
von Chatherine de Sairigné.

Bücher für Erzieher

„Mein Winterbuch“
von Friederike Naroska. Verlag Herder, Freiburg, Basel, Wien 1990.

Geschichten

Die Geschichte vom Schneemann, der keiner mehr war

Im Garten vor dem Haus stand ein Schneemann. Er hatte einen alten Hut auf dem Kopf, und seine Karottennase war lang und spitz. Ein ganz gewöhnlicher Schneemann – es war wirklich nichts Besonderes an ihm. Der ganz gewöhnliche Schneemann stand also im Garten.
Draußen war es kalt. Drinnen im Haus war es warm. Die Familie saß im Zimmer und trank Tee und aß die letzten Reste vom Weihnachtsgebäck.
Die kleine Lisa ging ans Fenster und hauchte ein Guckloch in die gefrorene Scheibe.
Armer Schneemann! dachte die kleine Lisa. Der friert bestimmt. Ich will ihm einen Schluck heißen Tee bringen, damit ihm warm wird.
Die kleine Lisa lief mit dem Teeglas in den Garten, ließ den Schneemann trinken und lief ins Haus zurück.
Von diesem Augenblick an war der gewöhnliche Schneemann kein gewöhnlicher Schneemann mehr.
Es regte sich in seinem Bauch: ein kribbeliges, krabbeliges Gefühl.
Es regte sich in seinem Kopf: ein kribbeliger, krabbeliger Gedanke.
Bei gewöhnlichen Schneemännern regt sich nichts, kein Gefühl und kein Gedanke. Die stehen nur so stumm und dumm herum. Es kribbelt und krabbelt, dachte der Schneemann. Mir scheint, ich bin kein Schneemann, sondern ein Teemann. Ich möchte mich verändern. Ein Schneemann ist ein Stehmann, aber ein Teemann ist ein Gehmann.
Und der Schneemann, der keiner mehr war, hob seine Schneefüße und stapfte zum Gartentor. Dort drehte er sich noch einmal um – der Drehmann! – und winkte zum Fenster hinauf. Aber das Guckloch war schon wieder zugefroren.
Er stapfte durch das Gartentor auf die Straße und wanderte in die Stadt. Die Leute wunderten sich. Es passiert nicht alle Tage, daß man einem wandernden Schneemann-Teemann begegnet. Außerdem war er ziemlich ungeschickt und stieß dauernd an die Schaufenster und Laternenpfähle.
„O je!“ sagte der Schneemann-Teemann.
Als er die Straße überquerte, hätte ihn beinahe ein Auto überfahren. Sein Hut fiel vom Kopf und rollte davon.
„O weh!“ sagte der Schneemann-Teemann.
Ein Junge brachte ihm den Hut zurück.
„Danke!“ sagte der Schneemann-Teemann. „Mir scheint, die Stadt ist nichts für mich. Ich möchte kein O-je-Mann und O-weh-Mann sein! Ich möchte in eine Gegend, wo es keine Autos gibt und keine Schaufenster und keine Laternenpfähle.“
„Da mußt du aufs Land hinausgehen“,sagte der Junge und zeigte ihm den Weg.
Der Schneemann-Teemann hob seine Schneefüße und wanderte aus der Stadt ins Freie hinaus. Draußen war alles weiß; Felder und Wiesen waren dick zugeschneit.
„Hübsch!“ sagte der Schneemann-Teemann und sah sich um.
Eine Krähe kam und setzte sich auf seinen Hut.
„Was machst du hier auf meinem Kleefeld?“ fragte die Krähe.
„Was denn für ein Kleefeld?“ fragte der Schneemann-Teemann.
„Im Sommer“, sagte die Krähe, „ist hier alles grün, und der Klee blüht rot.“
„Hübsch!“ sagte der Schneemann-Teemann. „Da könnte ich ein Kleemann werden.“
„Das glaube ich kaum“, sagte die Krähe. „Im Sommer ist es heiß. Da schmelzen alle Schneemänner und werden zu Wasser; das Wasser sickert in die Erde; und aus der Erde wächst dann der Klee.“
„O je und o weh! Ich möchte nicht sickern. Mir scheint, ein Kleefeld ist nichts für mich.

Anmerkungen
Eigene Ideen
Notizen

Ich möchte in eine Gegend, wo der Sommer nicht hinkommt."
„Da mußt du nach Norden gehen", sagte die Krähe. „Immer geradeaus, bis du ans Meer kommst. Und dann wieder geradeaus übers Meer, bis du den ersten Eisbären triffst. Dort ist ein Land, wo es immer weiß ist und niemals heiß ist; wo immer Schnee ist und niemals Klee ist."
„Hübsch!" sagte der Schneemann-Teemann. „Ist es weit bis dorthin?"
„Sehr weit. Am besten, du fährst auf einer Eisscholle. Die treiben jetzt im Winter auf dem Fluß, und der Fluß fließt ins Meer."
Die Krähe flog voraus. Der Schneemann-Teemann stapfte hinterdrein. Als sie zum Fluß kamen, suchte er sich eine nette Eisscholle aus, nicht zu groß und nicht zu klein.
„Die nehme ich!" rief er, hob seine Schneefüße und sprang hinüber.
„Gute Fahrt!" rief die Krähe. „Leb wohl, Schneemann-Teemann. Jetzt wirst du ein Seemann!"
Der Schneemann-Teemann-Seemann reiste auf seiner Eisscholle den Fluß hinunter bis ans Meer und übers Meer und immer weiter.
Wollt ihr wissen, ob er bei den Eisbären angekommen ist?
Ja, er ist angekommen.
Wollt ihr wissen, ob es ihm gut geht?
Ja, es geht ihm gut. Es geht ihm ausgezeichnet.
Und wenn ihr wissen wollt, woher ich das weiß ...

Ich weiß es von einer Möwe. Die hat ihn dort gesehen und es der Krähe erzählt.
Die Krähe hat es dem Jungen erzählt, der den Hut aufgehoben hat.
Der Junge hat es der kleinen Lisa erzählt.
Und die kleine Lisa hat es mir erzählt.

Mira Lobe

Aus: „Das Kindernest", Verlag Herder, Wien.

Das Eiszapfenfräulein

Ein japanisches Märchen

Es war einmal ein Mann, der wohnte ganz allein in einem kleinen Haus. Einmal, früh am Morgen, sah er einen Eiszapfen am Fenster hängen, kling-klang-gläsern hing er da und glitzerte.
„Wenn ich so ein glitzerndes, kling-klang-gläsernes Mädchen zur Frau haben könnte", sagte der Mann, „das wäre wunderbar!"
Am Abend klopfte es an die Tür.
Der Mann öffnete.
Da stand ein Mädchen draußen, kling-klang-gläsern und glitzernd, mit weißem, schneebleichem Gesicht.
„Ich bin der Eiszapfen vor deinem Fenster", sagte das Mädchen. „Du hast gesagt, daß du mich heiraten willst. Willst du das wirklich?"
„Ja, kling-klang-glitzerndes, gläsernes Mädchen", sagte der Mann. Und da wurden sie Mann und Frau.
Sie waren sehr glücklich, und die Zeit verging. Allmählich dachte der Mann gar nicht mehr daran, auf welche Weise seine Frau zu ihm gekommen war. Eines Tages sagte er: „Meine liebe Frau, du gießt immer kaltes Wasser in die Badewanne, wenn du baden willst, und niemals heißes! Warum?"
Die junge Frau lächelte, aber sie antwortete nicht.
Dem Mann ließ das keine Ruhe. So sagte er eines Tages zu einer alten Nachbarin: „Meine Frau hat noch nie in heißem Wasser gebadet. Immer badet sie eiskalt. Mir ist das unheimlich!"
„Das werden wir gleich haben!" sagte die Nachbarin. Und am selben Tag kam sie und füllte heißes Badewasser in die Wanne. Dann nahm sie die junge Frau an der Hand und zog sie ins Badezimmer. Die junge Frau wollte nicht in das Bad steigen, aber sie war eine sehr zarte, kling-klang-gläserne junge Frau, und die alte Nachbarin war dick und

kräftig. Die Nachbarin hob die Eiszapfenfrau in das warme Bad und ging hinaus.
„Sie badet schon!“ sagte sie draußen zu dem Mann. „Horch, wie sie plätschert!“
Der Mann ging an die Tür und horchte, aber er hörte kein Plätschern.
„Du meine kling-klang-gläserne Frau!“ rief er. „Was tust du denn? Warum plätscherst du nicht?“
Keine Antwort.
Da wurde ihm ängstlich, und er öffnete die Tür.
Drinnen war niemand. In der Badewanne schwamm ein Haarkamm.

„Sie ist weg!“ schrie der Mann. „Nachbarin! Meine Frau ist fort!“
Die Nachbarin kam daher und schaute, und dann sagte sie: „O weh! Ich hätte daran denken sollen, daß man Eiszapfen nicht heiß badet. Das vertragen sie nicht.“
Der Mann saß da und weinte um seine kling-klang-gläserne Eiszapfenfrau. Da sagte die Nachbarin:
„Weine nicht. Wenn sie dich lieb hat, verzeiht sie dir und kommt am ersten kalten kling-klang-gläsernen Wintermorgen wieder. Dann sag ihr gleich, solange sie noch am Fenster hängt, daß wir sie nie wieder heiß baden wollen!“
„Glaubst du, sie kommt wieder?“ fragte der Mann.
„Ja“, sagte die Nachbarin.
Und so war es auch.

Aus:
Recheis/Hofbauer,
„333 Märchenminuten“, Verlag Herder, Wien.

Weitere Geschichte siehe Heft 2, Seite 34.

Reime

Da fällt nun vom Himmel
mit krausem Gewimmel
in dichten Flocken der Schnee.
Auf Häuser und Bäume,
auf Gärten und Zäune
und deckt den Fluß und den See.

Die Schneeburg

Komm nur herein,
tritt ein
und sei mein Gast.
Und sei mein lieber Gast
in meinem Schneepalast.

In meinem weißen Haus
ist es so still und fein,
daß es dir sehr gefällt.
Und durch das Fensterlein
sieht man vergnügt hinaus
in die verschneite Welt.

Josef Guggenmos

Der Wintersmann

Es klopft bei unsrer Türe an.
Wer ist denn da?
Der Wintersmann!
Er ist gekommen über Nacht
und hat viel Eis und Schnee gebracht.
Lassen wir ihn ein?
O nein, o nein!
Sonst könnt' es gar im Zimmer schnein.
Er soll hübsch auf der Straße bleiben,
wir schauen durch die Fensterscheiben.

Volksgut

Anmerkungen
Eigene Ideen
Notizen

Schneemannslos

Den weißen Schneemann Fridolin
Verlockte ein Plakat,
Zum Faschingsfest davonzuziehn
In ein Hotel der Stadt.

Den weißen Schneemann Fridolin
Betrachtete man gern,
Und alle Welt begrüßte ihn
Wie einen richtgen Herrn.

Die Maske ist ganz meisterlich!
So hieß es rings im Kreis.
Man gab dem Schneemann öffentlich
Den ersten Maskenpreis.

Den weißen Schneemann Fridolin
Erstaunte der Applaus.
Er sagte: Wie ich heute bin,
So seh' ich immer aus!

Da sagte man dem Fridolin
Ganz offen ins Gesicht:
Daß du ein echter Schneemann bist,
Das glauben wir dir nicht!

Doch plötzlich – wie erstaunte man –
Machts leise tropf, tropf, tropf,
Es fing der Bauch zu schmelzen an,
Der Rücken und der Kopf.

Man faßte ihn, man stützte ihn,
Der Schneemann wurde schlapp.
Der arme Schneemann Fridolin
Nahm unaufhörlich ab.

Er stammelte mit müdem Blick:
Bringt mich ins Hospital!
Jedoch es stand zu seinem Glück
Ein Eisschrank links im Saal.

Hinein mit dir! Hinein mit dir!
So brüllte man im Chor.
Er ging hinein. Er kam heraus,
Da war er wie zuvor.

Man schrie: Hurra. Er dankte fein.
Dann sagte er: Adieu!
Und ließ den Fasching Fasching sein
Und stapfte in den Schnee.

James Krüss

Weitere Reime
siehe Heft 2, Seite 24 und 38.

Rätsel

Welcher Mann schmilzt in der Sonne?
(Schneemann)

*

Im Garten stand ein weißer Mann
und nun, nun ist er fort.
Was glaubt ihr denn, wo ist er hin
- an einen andern Ort?
O nein, er ist nicht fortgegangen,
er ist am Ort geblieben;
doch als die warme Sonne kam,
da fing der Mann zu schmelzen an,
- nur Wasser ist geblieben.
(Schneemann) *Renate Lüber*

*

Welches Wasser kann man im Sieb tragen?
(Gefrorenes)

*

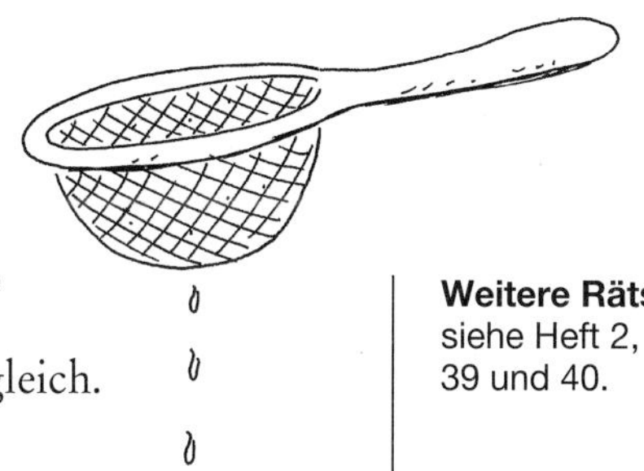

Es fällt vom Himmel,
ist weiß wie ein Schimmel,
wie ein Bett so weich,
wird's warm, schmilzt es gleich.
(Schnee)

Weitere Rätsel
siehe Heft 2, Seite 39 und 40.

Fingerspiel

Puck und Pitz

Puck und Pitz, zwei Zwergenleute,
liefen vor ihr Häuschen heute.
Riefen: „Seht nur, weit und breit,
es hat geschneit, es hat geschneit!"

Die Flocken fallen leicht und sacht:
„Jetzt geht es zur Schneeballschlacht!"
Den Schneeball werfen Puck und Pitz
sich feste an die Zipfelmütz'.

Doch dann kommt der Schlitten dran.
Sie stampfen auf die Rodelbahn.
Hui, geht es hinab ins Tal!
Und so geht es viele, viele mal.

Auch Schneeschuh laufen Puck und Pitz
und fallen sie hin, das schadet nix.
Frau Holle aber oben lacht:
„Ja, ja, das hab' ich fein gemacht!"

Weitere Fingerspiele siehe Heft 2, Seite 40.

Lieder

Schnee

Volksgut

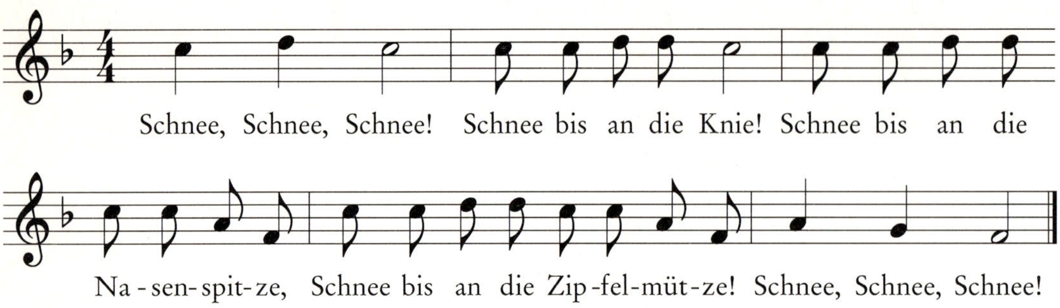

Schneemannhemden

Text u. Melodie: Hans Baumann

Aus:
Hans Baumann,
„Der Zauberball“,
Möseler Verlag,
Wolfenbüttel.

2. Auch die Sonne will es wissen:
Wieviel Hemden hat er denn an?
Hat er eins zwei drei vier fünf sechs sieben
oder hat er gar zehn Hemden an?
Hat er gar zehn weiße Hemden an?

3. Und sie zieht dem kugelrunden
Schneemann hinter dem Nachbarhaus
seine eins zwei drei vier fünf sechs sieben,
seine acht neun weißen Hemden aus,
seine acht neun weißen Hemden aus.

4. Dann reibt sie sich ihre Augen:
Wo, ja wo ist Hemd Nummer zehn?
Doch vom Schneemann, doch vom kugelrunden Schneemann
ist auch gar nichts mehr zu sehn,
ist kein Hemdenzipfel mehr zu sehn!

Anmerkungen
Eigene Ideen
Notizen

Wann fängt der Winter an?

Text: Renate Lüber/Melodie: Bernd Seitz

2. Sag mir wann, sag mir wann,
fängt der Winter endlich an?
Möcht' doch einmal rodeln gehn,
die Spuren hinter mir sehn,
doch es ist ja grün,
ich kann keinen Schlitten ziehn.

3. Sag mir wann, sag mir wann,
fängt der Winter endlich an?
Möchte einen Schneemann baun
und nicht nur aufs Grüne schaun,
doch hat's keinen Sinn,
ich zieh' nach dem Norden hin.

Nuß um Nuß

Text u. Melodie: Hans Baumann

2. Eine kleine Maus will mit ihr nach Haus –
aber nein, aber nein, es ist nicht zu Ende.

3. Kommt die schwarze Katz, Maus macht einen Satz –
Nuß bleibt da, aber ja, es ist nicht zu Ende.

4. Nuß bleibt übers Jahr, wurzelt ein sogar –
zögert nicht, kommt ans Licht, es ist nicht zu Ende.

5. Wächst und wird zum Baum, trägt, glaubt's selber kaum,
Nuß um Nuß! Nicht ist Schluß, es ist nicht zu Ende.

Aus:
Hans Baumann,
„Der Zauberball",
Möseler Verlag,
Wolfenbüttel.

Weitere Lieder
siehe Heft 2,
Seite 28 bis 31 und
Seite 41 bis 44.

Anmerkungen
Eigene Ideen
Notizen

Aus:
Christa Zeuch,
„Lisa, Lolle,
Lachmusik“,

Leise fällt der Schnee

Text u. Melodie: Christa Zeuch

2. Rote Dächer werden weiß,
   Blumen wachsen, ganz aus Eis.
   Guck, der Schneemann trägt 'nen Topf
   auf dem kalten Kullerkopf.

3. Alle Vögel sind verstummt
   und die Menschen warm vermummt.
   Schlitten machen ihre Spur,
   Kinder ziehn sie an der Schnur.

Anmerkungen
Eigene Ideen
Notizen

Singspiel

Ich bin ein kleiner Schneemann

Aus: Volker Rosin, „Weihnacht im Schnee“, © Moon-Records-Verlag, Bad Oeynhausen.

2. Ich bin ein kleiner Schneemann
mit einem dicken Bauch.
Die Knöpfe sind aus Kohle,
mein Besen ist ein Strauch.
Ich kann mich nicht bewegen …

3. Ich bin ein kleiner Schneemann,
steh' fest auf meinem Platz.
Ich lache immer fröhlich
und mache nie Rabatz.
Ich kann mich nicht bewegen …

Weitere Singspiele
siehe Heft 2,
Seite 45 und 46.

Anmerkungen
Eigene Ideen
Notizen

Klanggeschichte

Es schneit …

Als Flori am Morgen aus dem Fenster schaute,
sah er dicke weiße Flocken vom Himmel fallen.
Es hatte die ganze Nacht geschneit.
Große Schneepflüge schoben den Schnee von der
Straße und bauten Schneehaufen vor den Häusern.

Fingercymbeln

„Heute geh' ich auf unseren Berg hinterm
Haus Schlitten fahren", sagte Flori zu seiner Mutti.

Am Nachmittag war es so weit.
Er zog sich warm an und lief in den Keller.
Dort stand sein Schlitten.
Langsam trug er ihn über die Stufen zur Tür hinaus.

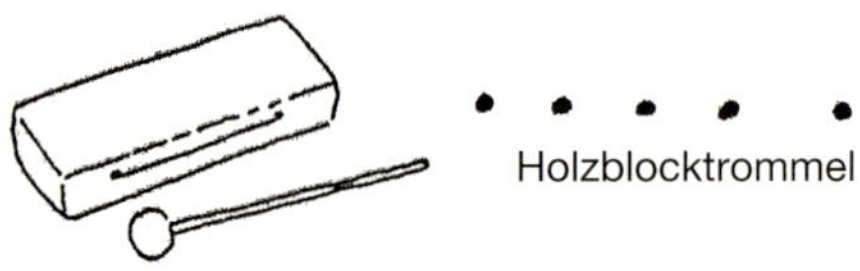

Holzblocktrommel

Draußen schneite es immer noch,
und viele Schneeflocken tanzten Flori ins Gesicht.

Er mußte über große Schneehaufen steigen

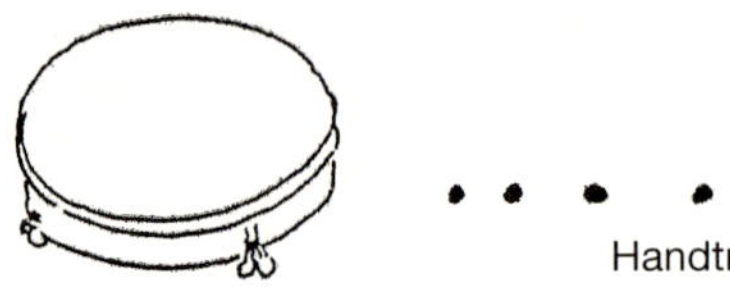

Handtrommel

und trotzdem den Schlitten mitziehen.

Schellenkranz

Endlich kam er beim Schlittenberg an. Viele
Kinder waren dort und hatten ihre Rodelschlitten mit.

Langsam marschierte Flori den Berg hinauf.

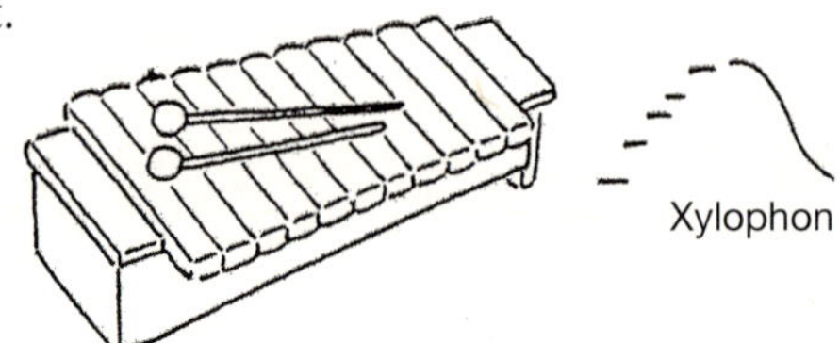

Xylophon

Nun durfte er sich auf den Schlitten setzen,
und abwärts ging die Fahrt.

Das war lustig, und er probierte es wieder
und wieder.

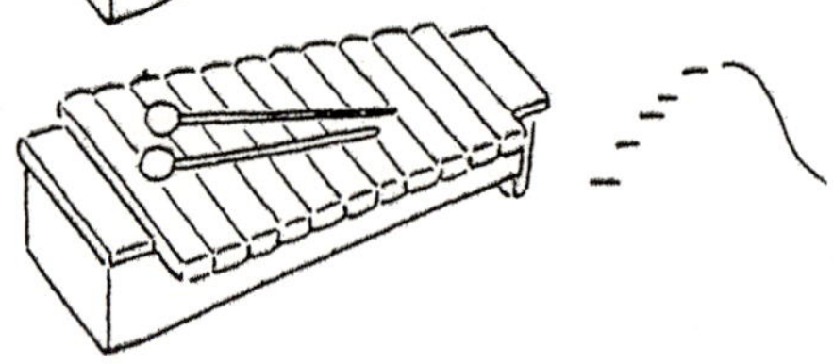

Nach einiger Zeit bekam er kalte Hände
und ging nach Haus.
Er stieg über die Schneehaufen,

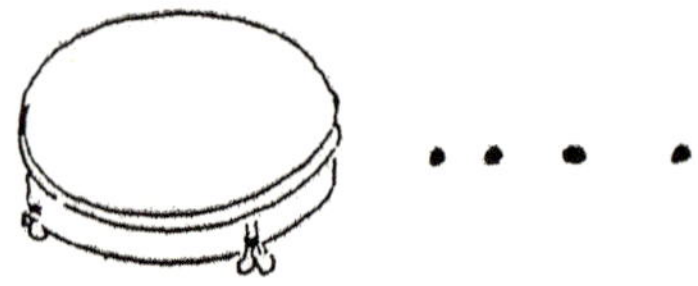

den Schlitten zog er hinter sich her.

Zu Hause trug er ihn in den Keller.

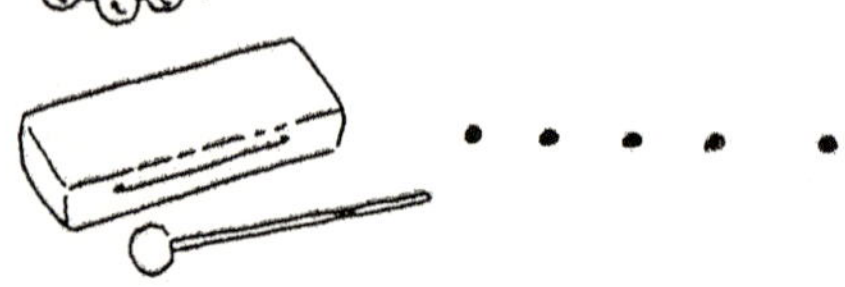

Als Flori später aus dem Fenster sah,
schneite es immer noch.

Aus:
Elisabeth Wagner,
„Quacki, der kleine
freche Frosch",
Don Bosco Verlag,
München 4. Aufl.
1992.
Die grafischen
Notationen
erfolgten nach
Entwürfen
der Verfasserin

Manuelles Gestalten

Faltschnitt

Schneemänner

Schneiden und Kleben

Schneemann
Aus Stoffresten schneiden wir einen Schneemann aus und kleben ihn auf Karton.

Spritztechnik

Schneemann

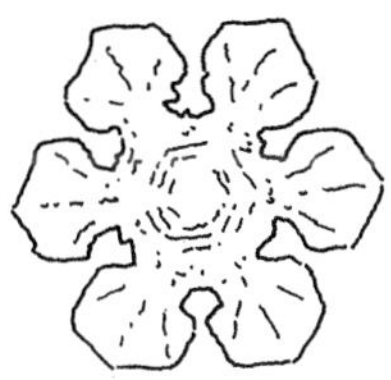

Malen

Schneekristalle
Mit weißen Holzstiften, Kreide oder Wachsfarben malen wir Schneekristalle auf dunkles Papier (Tonpapier).
Die Schneekristalle schauen wir uns zuvor unter einer Lupe an.

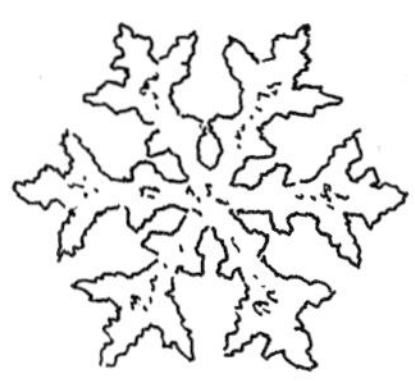

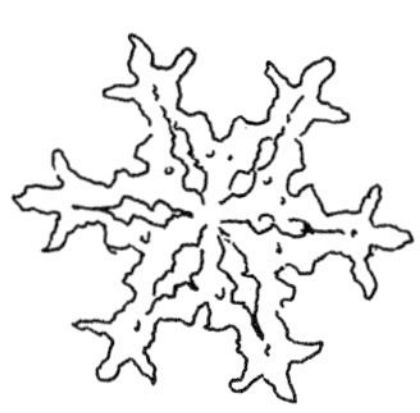

Winterlandschaft
Mit Fingerfarben malen wir eine Winterlandschaft, entweder auf unser Gruppenfenster oder auf einen großen Karton. Dabei berücksichtigen wir, wie es über und unter der Erde aussieht.
Wenn wir nicht genügend Gruppenraumfenster zur Verfügung haben, malen wir besser auf Karton, denn die freie Sicht in die Natur sollte auch noch erhalten bleiben.

Winterschlaf
Wir malen, wie die Tiere im Winter unter der Erde ruhen.
Zuvor entsprechende Bilder- und Sachbücher betrachten.

Weiteres siehe in Heft 2, Seite 32 und 47.

Spielturnen

Zeitungs-Schneeballschlacht
Wir machen eine Zeitungs-Schneeballschlacht. Hierfür knüllen wir Zeitungen zu Schneebällen zusammen.

Tiere im Winter
Wir spielen, wie sich die Tiere zum Winterschlaf in ihrem Bau zusammenrollen, sich in ihr Lager kuscheln; wie sie schlafen, lange schlafen; wie sie zwischendurch aufwachen, um Nahrung zu sich zu nehmen; wie sie sich wieder hinlegen um weiterzuschlafen . . .

Religiöse Erziehung

Nicht nur die Natur, sondern auch der Mensch braucht Ruhepausen.
Der Winter steht hier im Gegensatz zum Sommer, in dem die Tage voller Aktivitäten bis spät in die Nacht sind.
Der Winter sollte deshalb auch Zeit des Ausruhens und des Kraftschöpfens sein, des sich Zurückziehens und des Besinnens. Mitunter auch der gewollten Einsamkeit.

Meditation

Ausruhen - Ruhe - Stille
Stille bewußt erleben
Wir sitzen im Stuhlkreis, versuchen ganz still zu sein, so daß wir keine Geräusche von uns geben oder verursachen; kein lautes Atmen, kein Stühlerücken...
Wir schließen die Augen und versuchen uns selbst, unsere Atmung zu spüren.
Wir geben uns die Hände und schließen dabei wieder die Augen, so daß wir uns gegenseitig nicht mehr sehen, sondern nur noch spüren - fühlen.

Singspiel
„Ich bin ein kleiner Schneemann", Seite 45

Weiteres siehe Heft 2, Seite 47.

Bisher sind folgende Bände der Reihe erschienen.

Die Reihe „Praxishilfen“ wurde entwickelt, um Ihnen die Planungsarbeit ein bißchen zu erleichtern. Nach Themen gegliedert und auf die tägliche Kindergartenarbeit abgestimmt wird jedes Heft zur wichtigen Planungshilfe.

Jedes Heft hat 48 Seiten und enthält 3 farbige Planungsposter mit Illustrationen von Barbara Moßmann. Im praktischen DIN A3-Format.

Heft 1: Ein neues Kindergartenjahr beginnt/Hier bin ich zu Hause/Danke/Erntedank. Nr. 21701
Heft 2: Was ist das für ein Wetter heut/Wintervorbereitungen von Mensch und Tier/Winter, Schnee und Eis. Nr. 21702
Heft 3: Sankt Martin/Sankt Nikolaus/Weihnachtszeit. Nr. 21704
Heft 4: Fastnacht/Komm doch, lieber Frühling/Ostern. Nr. 21704
Heft 5: Wir feiern heute Sommerfest/Unser Körper/Meine Familie und ich. Nr. 21705
Heft 6: Der Herbstwind läßt die Drachen steigen/Ernährung/Vom Korn zum Brot. Nr. 21706
Heft 7: Die vier Jahreszeiten/Licht und Wärme im Frühling/Unsere Nahrung. Nr. 21707
Heft 8: Wieviele Tage hat die Woche, wieviele Monate das Jahr?/Auf dem Bauernhof/Sonne, Mond und Sterne. Nr. 21708
Heft 9: Wachsen und sich entwickeln/Heute feiern wir Geburtstag/Ferien/Sich erholen. Nr. 21709

Die Reihe wird fortgesetzt